ARREMATE

ARMANDO FREITAS FILHO

Arremate

(2013-2019)

Copyright © 2020 by Armando Freitas Filho

Grafia atualizada segundo o Acordo Ortográfico da Língua Portuguesa de 1990, que entrou em vigor no Brasil em 2009.

Capa
Kiko Farkas/ Máquina Estúdio

Preparação
Heloisa Jahn

Revisão
Carmen T. S. Costa
Valquíria Della Pozza

Dados Internacionais de Catalogação na Publicação (CIP)
(Câmara Brasileira do Livro, SP, Brasil)

Freitas Filho, Armando
    Arremate : (2013-2019) / Armando Freitas Filho. — 1ª ed. — São Paulo : Companhia das Letras, 2020.

ISBN 978-85-359-3384-0

1. Poesia brasileira I. Título.

20-42068   CDD-B869.1

    Índice para catálogo sistemático:
    1. Poesia : Literatura brasileira B869.1

    Cibele Maria Dias – Bibliotecária – CRB-8/9427

[2020]
Todos os direitos desta edição reservados à
EDITORA SCHWARCZ S.A.
Rua Bandeira Paulista, 702, cj. 32
04532-002 — São Paulo — SP
Telefone: (11) 3707-3500
www.companhiadasletras.com.br
www.blogdacompanhia.com.br
facebook.com/companhiadasletras
instagram.com/companhiadasletras
twitter.com/cialetras

Para mim

Diremos: "Ter algo em mente não é nenhuma imagem morta (seja qual for), mas é como se nos aproximássemos de alguém". Aproximamo-nos do que temos em mente. "Quando se tem algo em mente, tem-se a si mesmo em mente"; assim, movimenta-se a si mesmo. Arremessa-se a si mesmo e não se pode, por isso, observar também o arremesso.

Wittgenstein, *Investigações filosóficas*
(Trad.: José Carlos Bruni)

Prefácio
Ponto final fictício

Mariana Quadros

Embora vasta e diversa, a obra de Armando Freitas Filho é costurada por um fio, que a enreda em contínua expansão: "O sentimento foi o de que eu sempre corria *atrás* de mim", afirma o escritor ao rever sua trajetória.* O advérbio — destacado pelo poeta — sintetiza o movimento propulsor dessa escrita desde a estreia, há mais de cinquenta anos, em 1963, com *Palavra*: a poesia corre, o eu se transtorna e se transforma na fuga registrada pelo complexo lirismo do autor. Sem renunciar à dicção pessoal, a voz lírica de Armando Freitas Filho tem sido tensionada pela densa reflexão sobre as dificuldades da forma quando dedicada ao extenuante dever de expressar uma subjetividade em constante mudança. Tal descompasso entre a palavra e o eu em trânsito se difunde por diferentes demandas: a tarefa de captar a mobilidade da vida, o anseio de retratar as metamorfoses do corpo, a encenação do embate com a morte. Nessa caça inconclusa, a poesia e o eu — fraturados ambos — nunca chegam a coincidir.

Nos últimos livros do escritor, a fenda se expande devido à concentração dos esforços de Armando na investigação da memória e suas intermitências: *Lar,*

---

* "Cor, Jump Cut, Percussão", entrevista concedida pelo poeta a Renan Nuernberger e André Goldfeder em 2010.

(2009), *Dever* (2013) e *Rol* (2016) trazem já em seus títulos os signos da incompletude. *Arremate*, ao contrário, parece redirecionar a escrita do poeta para as formas acabadas: conclusão, desfecho, adorno último, o arremate inscrito no título deste volume anuncia à primeira vista o fim daquela corrida movida pelo produtivo desalinho entre a palavra e o eu cindido. A dedicatória do livro — "para mim" — pode também dar a ver o encerramento do lirismo de Armando Freitas Filho, talvez dedicado agora a uma voz lírica íntegra, expressão de um sujeito reconciliado. Estaremos diante de uma guinada rumo aos fios contínuos, tantas vezes interrompidos pelo "estilo cortante"* do autor? Não nos deixemos enganar por essas pistas: falsas. Há decerto novidades em *Arremate*, mas elas não se resumem facilmente ao fechamento da linguagem ou ao solipsismo de um lirismo personalista.

A epígrafe é o primeiro sinal de que a conclusão costurada neste livro não será obra de uma máquina circunspecta. O trecho, colhido em Wittgenstein, faz lembrar a importância do movimento na obra de Armando Freitas Filho: "Arremessa-se a si mesmo". Além disso, a citação explicita ser a incompletude o ponto a partir do qual avança esta coletânea: "e não se pode, por isso, observar também o arremesso". Encontramos aqui o prenúncio de que este livro reencenará o longevo embate do sujeito poético freitasiano com "o difícil/ escrever do interminável/ pensamento". A cena será

---

* Expressão cunhada por Vagner Camilo em seu prefácio a *Lar,*.

renovada, contudo: se os leitores do poeta carioca se habituaram às epígrafes colhidas em escritores literários, temos aqui uma passagem das *Investigações filosóficas*. A mudança ecoará no interior do volume, em que o limite da expressão — "ginástica nas barras da linguagem" — será testado pelo esforço de multiplicação dos aportes de outras artes e outros autores.

Esse transbordamento por obras diversas atravessa as "canetas múltiplas" que têm grafado os versos de Armando Freitas Filho, mas aqui "vistas de perto/ os matizes as diferenciam": nunca o escritor havia tão claramente exposto sua poesia como o traçado de leituras e releituras quanto nas duas primeiras seções de *Arremate*. O desdobramento da escrita de Armando Freitas Filho se dirige inicialmente à mobilização de um de seus frutos já publicados. O livro se abre pelo "bastidor" de um poema antes divulgado na segunda parte de *Numeral nominal*: "10 anos", reproduzido após versos que expõem sua concepção. Ao lançar luz para uma gênese a princípio invisível, a dobra da escrita de Armando Freitas Filho sobre si mesma renova o texto de 2001. Iluminado o proscênio, descobrimos que o poema se faz em movimento, nas ruas, cria heterogênea do acaso e da busca refletida. O trânsito pela cidade atrai a jornada da criação poética do autor para o terreno chão do empréstimo tomado a canetas quaisquer: do jornaleiro, palavra colada à notícia do dia, ou outra que esteja disponível. O suporte em que se gestam os versos, antes circunscritos ao tom íntimo próprio à notação do amadurecimento do filho, também acrescenta a eles um componente contingencial e público. Precário, o papel jornal concretiza a força destruidora do tempo. Permanente, o retrato de artista — cuja estampa será a base da escrita do poema — torna-se a tela onde o embate entre permanência e dissolução será delineado: "No jornal, a foto de página inteira da cara de Miles Davis" vai "envelhecendo à força/ à medida do que ia sendo escrito, com rasuras". Dessa forma, encenando a elaboração de "10 anos", esse bastidor iluminado permite acompanhar a transformação da poesia em pintura — as canetas do escritor, multicoloridas, imprimindo à força o envelhecimento na imagem que sustenta o poema. A escrita literária se torna, assim, desenho em movimento do tempo que passa.

Esse circuito de metamorfoses — em que a visualidade domina o universo do poema — é primordial na primeira seção de *Arremate*. Em "Pincel lápis tesoura goiva lente martelo tela", a descrição minuciosa de composições visuais aproxima a construção do livro da organização de um museu a expor experiências com palavras guiadas pela visão. Nessa coleção, os itens se embaralham. A associação entre artistas é reiterada, em "inúmeras declinações" que fazem deslizar os signos — *tal e qual, como*. A associação de imagens também é um procedimento renovado nessa "Escritura" construída com o alinhavo de diversos traços — esculturas de Giacometti a remeter às estátuas de areia feitas por crianças; lenço de papel tornado nuvem, "folhaflor". Os contornos entre representação e real se esfumam do mesmo modo. A pintura pode transbordar pela paisagem, instruindo a percepção do observador, ou — ao revés — o espectador pode movimentar o "mar repetitivo" da representação pictórica. Leiam-se, nesse sentido, "Temas e metas", "Ainda Pancetti, Morandi e de quebra Guignard" ou "Tarde". Vida e imagem também se sobrepõem: os sentimentos expressos pelos poemas são enformados pelas artes visuais, como revelam os tocantes versos de "Surdez", "Breu/branco" e "Pai presente".

As metamorfoses atingem até mesmo o lirismo desses poemas, que convive com um relevante veio ensaístico em grande parte de *Arremate*. Tal exercício reflexivo tem seu programa explicitado no verso inicial da seção "Pincel lápis tesoura goiva lente martelo tela": "Andando a pé, pensando". Não à toa esse trecho será depois reformulado sob a variante "De novo pensando e andando". Trata-se aqui de reafirmar um pensamento em movimento, tentativa de ofertar ao público imagens em pleno voo. Para tanto, vários textos dessa seção demandarão que o leitor se reconheça espectador, mobilizando o olhar. "Vejam!", "Observem!", convidam-nos muitos desses poemas, em um gesto centrífugo. Neles, as imagens são frequentemente delineadas por meio da reiteração de termos demonstrativos — "a mão de sombra, este pincel, o barulho da cor gritante/ daquele quadro". Nessa expansão para fora do espaço contornado pelos versos, as palavras nos apresentam traços talvez despercebidos nas muitas obras apreciadas. Por vezes essa tarefa será empreendida pela reconstrução poética dos quadros expostos, em um exercício de écfrase cujo exemplo mais cabal aqui é "Piquenique". Em outros momentos será realizada por meio de concisos comentários críticos ou analíticos espalhados por diversos textos, como "Fauve", "Autorretratos de autorretratos" ou "Edward Hopper". Em um caso e outro, chama a atenção o exercício dedicado à reflexão crítica — lírica ensaística.

O mesmo ocorrerá na extensa seção "Canetas múltiplas", em que o ensaísmo se expande pelos livros com que o escritor tem travado um rico corpo a corpo. Essa luta, empenhada a custo, por vezes se estabelece "com vagar e meditação". Munido do instrumental crítico necessário à análise, o poeta associa com "pena de ponta fina" obra e vida de escritores, tecendo a sua interpretação àquelas provindas da mediação de leituras — tomadas a sua esposa, Cristina Barreto, Mariano Marovatto, Modesto Carone, Antonio Candido. Em outros assaltos desse enfrentamento, o eu poético substituirá a distância própria da observação pela fusão que não prescinde do confronto: "Mais vale se embaralhar com ele/ e conseguir ficar de pé —/ descartar-se — ensebado e livre/ sendo só eu sem o seu eco". Talvez por isso, muitas vezes os leitores de Armando Freitas Filho reconhecerão a projeção do coerente universo literário do poeta sobre o mundo dos artistas e escritores contemplados: "tinta furiosa e calculada", "dianônimo" povoado de "autoexílios", ondas incansáveis. A vida do eu lírico se deixará também permear pelo papel — "inseto crescido", "gato engatilhado", "metamorfose". Aquela "ética de luta para apreensão das coisas" notada por Viviana

Bosi* mostra-se aqui mais do que nunca mediada pelo gume das leituras empreendidas por Armando.

Não será esse avanço do lirismo para outros textos, gêneros e formas de expressão uma nova manifestação daquela corrida com que Armando Freitas Filho definiu sua poesia? É provável que sim. Sentindo-se confinado em um corpo envelhecido, afligido pela proximidade da morte e "pensando na passagem do tempo", o poeta parece novamente correr atrás de si, concentrando-se em inventariar as obras que atravessaram sua vida e sua escrita. Nessa jornada, que aproxima o texto poético da constituição de um arquivo, a recente doação do escritor ao Departamento de Literatura do Instituto Moreira Salles pode ser acontecimento decisivo. "Partida" apresenta os ecos íntimos da transmissão ao IMS — em janeiro de 2019 — do acervo de Armando Freitas Filho. Todavia, os efeitos desse gesto de entrega não são apenas pessoais. A dor individual se transfigura em bem público por meio da constituição deste livro em um acervo outro, na impossibilidade de abrir as portas do "furgão irrespirável" que levou os bens legados à consulta pública por Armando Freitas Filho. Um acervo pessoal: coleção privada com interesse coletivo, como a que encontramos no conjunto composto por *Arremate*.

As leituras de artistas e escritores, claro está, não interessam apenas a Armando Freitas Filho, na medi-

---

* Em "Objeto urgente", introdução à poesia reunida e revista pelo autor (*Máquina de escrever*).

da em que mobilizam também o público. Tampouco o fazem os versos de "Em papel jornal", nos quais o poeta se aproxima do cronista, compilando e comentando acontecimentos que golpearam o leitor da história recente. As mãos do escritor, acossado pela urgência de "condenado" à morte e pela premência da contribuição ao tempo presente, assumem um tom prosaico incomum na escrita freitasiana. Esse registro dos eventos sociais, que vem enriquecer o repositório de leituras em *Arremate*, parece ser confrontado por outro fruto do encurtamento do tempo de vida: o registro dos fios descontínuos da memória. Concentrados em "Casa corpo adentro", os textos biográficos aparentemente dotam de um teor privado o acervo revelado neste livro. Mas a impressão é falseadora ou, no mínimo, reducionista. "Tudo vivido, nada vivido": as palavras recuperam do esquecimento objetos frágeis — "coberta branca", "óculos cegos sem olhos", "espelho incerto" — para lançar sobre eles o brilho esquivo de uma poesia que se anuncia também fugidia. Igualmente, "Rosa rosa rosam rosae rosae rosa" convoca um complexo tecido de textos para iluminar o erotismo diante da passagem do tempo, em uma imagética de rara beleza. Dessa forma, mesmo os versos saturados de intimidade se transfiguram em bem público. *Arremate* pode ser lido, pois, como o testamento poético de quem adianta a própria morte: "Começo de adeus", adiamento da morte — Arre, mate!

Parte de um legado, o livro se abre para a comunhão; no mesmo gesto, porém, ele faz lembrar o risco do desencontro, "entre o abraço e o adeus sem aceno". Esse perigo, repisado em muitos poemas, relaciona-se em primeiro lugar à finitude do corpo, que submete autor e leitores à iminência constante da queda imprevisível, sem despedida ou projeto. Com "Numeral", série que encerra os livros do poeta desde o lançamento de sua obra reunida e revista, em 2003, essa ameaça invadirá a fatura da obra, expandida enquanto o escritor puder continuar a contar. A parte final deste livro é, portanto, nova volta na corrida do autor atrás de si e da compreensão de sua poesia.

Esse trajeto avança parcialmente por sendas antes abertas pelo escritor. Na escrita de Armando, o registro da vida nutriu-se sempre do curto-circuito entre o cálculo rigoroso e o desejo intenso de captar a instabilidade do vivo. Com "Numeral", Armando Freitas Filho transformaria essa tentativa de anotar o fluxo no motor de um novo processo de irrigação do texto pela vida. Até o lançamento da série numerada, o contato entre poesia e existência se estabelecia sob a forma de um descompasso da escrita em direção à vida, que, fluida, não se deixava representar. Desse modo, escrita e vida ficavam interligadas, mas ainda não fundidas. Em "Numeral", a escrita é infiltrada pelas características do corpo — finito, ancorado no tempo — e este pelas qualidades da escrita — infinita, em deriva. Vida e escrita se confundem, assim. Dessa fusão decorre a instabilidade do espaço poético: "ainda" e "enquanto" são as expressões que, indissociáveis, desenham os contornos sempre móveis da criação poética dos numerais. Porque é singular, o corpo convive com sua condição finita (ainda não morto) sem que se possa definir sua trajetória de antemão. Porque indeterminado, ele pode reverter suas múltiplas (e talvez infinitas) possibilidades em novos textos (enquanto vivo, é capaz de exercer sempre mais um pouco sua potência).

Essa desestabilização profícua participa de uma proposta estética bastante consequente: "poema aberto a todos os ventos da significação", "poema, enfim, com uma taxa de imprevisibilidade maior chegando a surpreender o próprio autor, que, se não perde de vista o seu material, deixa o controle dele cada vez mais remoto", conforme definiu o escritor.* Em seus últimos livros e sobretudo na série aberta conduzida pela temporalidade orgânica, o incontrolável cômputo da criação poética se multiplica de acordo com a permanência provisória da vida. Nenhum ponto final, já que domina aqui o anseio de irrigação do texto pela vida, semovente. Impera também o intento de rever essa poética, em fluxo.

Uma revisão muitas vezes mordente: expansiva, vigorosa, a poesia de Armando nos aparece em muitos desses versos corroída pela dúvida — "Palavras aliteradas na página/ perdem o brilho mesmo polidas". Tal autoderrisão nos faz lembrar a dedicatória — "para mim" —, insólita em uma coletânea tão permeável às ruas, às estantes, aos museus. Aos oitenta anos, Armando Freitas Filho aparenta desconfiar, ao longo de

---

* Trechos de "Por que escrevo: Sou todo ouvidos, olho, nariz, boca e mão", apresentação do disco *O escritor por ele mesmo*, produzido pelo Instituto Moreira Salles em 2001.

todo o livro, da capacidade de sua poesia de *dar ou dividir* o que põe sob sua guarda. Ele parece hesitar sobretudo em relação às suas forças para fazer rodar o mecanismo de recapitulações que tem movimentado sua obra. No entanto, ele o move, com furor: "Escrever mesmo./ Mesmo sendo o mesmo/ desde a primeira linha". E move-se: "— ir durando contra o tempo —/ e confirmar que há o que fazer". O imperativo se cumpre neste *Arremate*, ajuste fino de mudança e recapitulação. Ele reside em aberto, além disso. "Sem acabar nunca", esta obra segue em produtiva expansão.

ARREMATE

PINCEL LÁPIS TESOURA GOIVA LENTE
MARTELO TELA

Bastidor de 1 poema e 6 em andamento

Andando a pé, pensando na passagem do tempo.
No jornal, a foto de página inteira da cara de Miles Davis.
Meu filho fez 10 anos: "entrar na casa de dois dígitos para
[*sempre".*
Esta linha entre aspas acima veio inteira, pronta.
Sem caneta, pedi emprestada a do jornaleiro.
E escrevi na testa cinza-preta de Miles o que pensei.
O resto do poema veio vindo ou eu fui a ele
durante a caminhada, escrito com outras canetas de
[*empréstimo.*
Em cores diversas: azul, preta, vermelha.
A testa lisa de antes foi se franzindo.
E Miles Davis foi envelhecendo à força
à medida do que ia sendo escrito, com rasuras.

10 ANOS*

para Carlos

Flor masculina do meu bosque
seu cheiro começa a ser íngreme
árduo — de cabelo e músculo —
de dias ardidos de escalada.

Subsiste o primeiro suor da noite
inodoro porque em repouso
a pele lisa que a barba e a acne
ainda não contrariam, o ar de entrega

se mantém embalsamado
pelo sono ou por algum sonho
de maldade, com mulher de celofane.
Mas a infância já se feriu, inevitável
ao entrar na casa de dois dígitos para sempre.

A dor de alterar-se, de altear-se
estala, e a inocência também é de sangue.
Uma e outra se quebram e reanimam-se:
têm o mesmo comportamento, prazo
bravio e breve das ondas no mar.

*"10 anos". In: *Máquina de escrever*. Rio de Janeiro: Ed. Nova Fronteira, 2003, p. 58.

SURDEZ

Socorro! Por escrito
perde o som da exclamação
do uivo da imagem
tampando os próprios
ouvidos embaixo
do pincel pesado
de tinta do grito
no quadro de Munch!

ENCONTRO

"Kauka", como entendeu
Carpeaux, frente a ele
em Berlim. O outro encontro
uns cinco anos depois
foi em livros empilhados.
Todos, *O processo*
sem venda alguma, lixo puro
de Kafka, e começou a ler:
então era aquele de 1921?

CERTEIRA

Ana matou a morte
antes que ela decidisse por isso.
Estava certa de que viveria
melhor se fosse por escrito
em plena glória e paz.

BREU/BRANCO

A dor não dorme
a noite avança.
Conter com quê
sem remédio à mão?

Despido de socorro
a voz gagueja na mudez
a mão treme sozinha
o silêncio amarra!

No quadrado do quarto
no negro quadro sobre fundo
branco "eu sentia apenas a noite
dentro de mim, foi então que concebi
a nova arte, que chamei de suprematismo"
que numa outra hipótese podia ser
branco sobre branco.
Assinado — Malevich.

P.S. Perdi a terceira estrofe
a genuína, a melhor delas
onde no papel da memória
foi escrita perdida esquecida

TEMAS E METAS

O mar repetitivo como as marinhas
ininterruptas pintadas por Pancetti
tal e qual as sucessivas mensagens
das garrafas de Morandi, que cintilam
diferentes, dependendo das ondas.
Como as incessantes maçãs de Cézanne
também capaz de pintar vezes sem conta
o ar livre que cerca a montanha de Sainte-Victoire

em toda ocasião em que a viu, visitou, dura
durante a vida, pintada e meditada.

Leitmotiv adesão identidade decorado
pelas inúmeras declinações do olhar e do mar.
A mão o leva do chão
às telas no cavalete, não molha
ao seu redor, nada — de mar a mar:
mancha pictórica com a colaboração do céu
onde o tempo de um sonho é o tempo de uma nuvem.

AINDA PANCETTI, MORANDI
E DE QUEBRA GUIGNARD

Pancetti mimetiza o mar
pintando sucessivas marinhas.
A paleta de cores
tem o formato da baía, do mar
que o polegar de Pancetti detém.
Parecem uma só, mas vistas de perto
os matizes as diferenciam, a posição
do sol, da luz é quase a mesma e não é.
Se vistas de longe quem anda na praia
aparentemente paralisada
passa vencendo o marasmo
deixa pegadas como prova
antes que as ondas as apaguem.

*

O sol batendo no alvo
das garrafas equilibradas de Morandi
em cima do muro do maralto.
Reparava que de acordo
com a estação, com o seu sol particular
com sua disposição, elas variavam: eram outras.
Naturezas-mortas por um instante apenas.

*

O mar vertical de montanhas
o sino que sai de si e soa
sobre os telhados de Guignard
não é o que se reflete no mar
feito de horizonte em Pancetti, ou então
é o mesmo em dois estágios:
a) levanta brusco em ondas paradas
b) e alisa ao reencontrar a praia
depois do tormento do maremoto.

De novo pensando e andando: Oscar Wilde dizia que quem inventou a neblina tão constante em Londres foi Turner. Se é assim, quem levantou a montanha piramidal de Sainte-Victoire tantas vezes foi Cézanne, pintando-a, pensando, comendo uma maçã.

Pai presente

Azulejo retangular
onde alguém pintou
alguém numa ilha
deserta construindo a si
e a jangada para salvar-se.
Não descansa nunca
constrói para toda
vida a esperança.
Sem dizer palavra
como era seu feitio
me dá na minha mão
não só o presente
mas a sua mão
que me salvou de ser
um Crusoé anônimo
e me ensinou a fazer
jangadas e no céu
da aquarela está escrito
a singela sentença:
"Hei de vencer".

Craquelure

A fotografia não tem ar
o tempo não passa.
Já o quadro, com exceção
de Dorian Gray, sente
os dias, o sol, a tinta
ao ar livre desbotando
e como nós acusa
a passagem das estações.

Dois flagrantes

sobre uma foto de Cristina

1

O sol bate na cara
do cristal de rocha bruta
arrancado da montanha
e o deixa como está —
selvagem — sem lapidação
irradiante em cima da mesa
polida na fração do tempo
no qual se ilumina e se detém
no tampo da mesa negra de jacarandá
pela janela aberta da casa por onde
a luz do céu penetra de viés.

2

Na caixa de lenços de papel
um ficou preso na fresta
depois do outro arrancado
parece um pedaço de nuvem
parada ou uma folhaflor branca
sob o vento que cessou repentino
no instante preciso do sopro.
Limpo, livre de lágrimas e catarro.

Eterno

Quatorze coroas de flores
cercam você vivo debaixo d'água.
Seus amigos em volta do caixão
choram na terra terrível, nas pedras
na queda implacável que fere
sua vida ad aeternum mas nunca
seus descobrimentos, sua glória
que vencem a morte e escrevem:
Gilberto Menezes Amado-Filho.

Versus

A mão de sombra
segura a árvore
ameniza o sol
que a criou — ambos
combinando à perfeição
suas forças opostas, úteis.
A natureza costuma ser
mais afetiva do que os humanos
apesar de se revoltar às vezes.

Elena por Petra

A concha, o ouvido
(*só com o balé*
para cuidar de si
entre a mãe e a irmã
tão parecidas as três
desliza no ar sozinha)
e capta
um retalho do mar
longe do espaço da praia
da areia e desde o asfalto
ouve o marulho das(s) onda(s)
tão perto, segredando
o murmúrio antes da arrebentação.

Duelo

para Vagner Camilo

Estátua hesitante
presa no reflexo
do mesmo lago há
longos anos: não sabe

de si, seu delineio
é difícil, embora a superfície
se fixe em incertos instantes
mas seu espelho tem a prata

escurecida. Quase trêmulo
ou é a água que a trai
e quer sua força de pedra

mergulhando fundo, cega
para a possuir inteira
definida e em definitivo?

Fauve

Matisse sabia da tessitura
do tempo que o corpo
de qualquer coisa leva
para recortar-se
com pincel ou tesoura.

Leve, mas com lastro
de raiz e asa, levitando
entre voo e pouso
incorporando as duas intenções.

Fios afins e os que não se afinam:
o belo e o fero, acesos
entretidos nas suas formas
se não ferozes, felizes
no afã das cores vivas.

Painel forte, improviso
de tons desenhados
para todo o sempre
que, instantâneo, colore.

Vida, privada

Não tenho a pose d'O Pensador
nem o físico, força e peso.
Mas me empenho para espremer
a vida interior fossa abaixo.
Na hora agá não penso
nem leio a folha de jornal
carregada como meu esforço
do que já foi meio digerido
e precisa de expulsão, alívio
esquecimento, mas muitas vezes
não se dá, não se confirma.
O que sai não sai completo
embora a vontade o empurre:
vem interrompido, aos pedaços
mais em fedor do que em volume.
E o que fica fica fermentando
intestino, irritado, pedregoso
no meio do caminho entre gases.
E acabo na postura do pensamento
do modelo de lá de cima, imóvel.
Não calmo como ele:
mas enfezado, em cólicas, impelido
a ansiar, mesmo a contragosto
pela amnésia da diarreia eterna.

Exposição

Homem correndo sem data
em carvão sobre papel de Goeldi.
A poucos passos o grito assinado
por Munch empastela, convulsiona
desmancha a paisagem
                    ao lado
do Impossível (1945) do Implacável (1947)
ambos sob o vento que não deixa a sombra parar
da dor dos dois seres-entes antes do tempo paridos
de Maria Martins para sempreparados pelos pelos
ao arrepio no meio do desespero entre desgarre e
                                    [agarrão.

Tarde

O sol de Goeldi
            posto
no céu ilumina
com seu vermelho bem aberto
a cidade carnal e o ser
sanguíneo trabalhando enterrado
no estrume da calçada negra.

É o sol final ainda não trocado
pela mancha lunar à espera.
O lixo do dia não digerido
o homem empurrando o carrinho cheio
que atravessa o começo da noite
as ruas riscadas de branco giz
e o céu já se esforça para chegar na manhã.

Autorretratos de autorretratos

A tinta furiosa e calculada
cerca o azul do olhar que não desvia os olhos
do seu espelho único, indômito e doloroso
vendo-se de perto, a fundo e enxergando além dali
tudo e todos os que ousam encará-lo
e recuam condoídos diante do rosto sério
em série, em distantes e diversos ânimos
sob a luz vertical de martelo e martírio.

O céu morto de estrelas na estarrecida noite
que nunca estiveram tão próximas
e só os telescópios de hoje vislumbram
muito tempo depois de sua mirada plena
e da ação do pincel — visível — colado
ao céu e à natureza — sol, girassois
não se apagam nem morrem
como quem os viu, acendeu e plantou
de um tiro isolado sem acesso à água
apenas ao amarelo alto
e ao ruivo: "Vincent em chamas"
incendiado em seu próprio fulgor.

Vincent

O barulho da cor gritante
daquele quadro: a pincelada
chicoteava e custava achar
o tom certo sobreposto
ao outro sem apagá-lo de todo.
A intenção do pincel era
a de incrementar o pigmento
até o limite do inacabado
da exasperação, da intensidade
do sentimento, adensando-o
para muito além do esperado.
E a pintura mesmo depois de seca
mesmo depois dos séculos
acontecia viva no instante
em que o olhar a capturava.

Três quartos

Vincent outra vez.
Começa em esboços negros
depois em rascunhos a lápis
onde se explica o colorido
que vai chegar por escrito
na beira da folha da carta
a seu irmão, assim presumo.
Em seguida a janela é aberta
à primeira versão do quarto sólido:
alegre sob a luz do sol espalhado
de quem pintará mais duas versões.

Dois pares de botas

O par de botas de Van Gogh
é um dos seus autorretratos
mais fidedignos: usado
até a exaustão tem a marca
de todos os tropeços depois
do trabalho, do caminho
da busca vida afora depois
de desamarrar os pés cambaios
de tanto andar perdido
foram embora sem volta.

O par de botas de Carlitos
é negro, anda e desanda
sem parar, espalhado
dez pras duas a vida inteira
aprontando pontapés
nos fundilhos prepotentes
ou calçando patins
indo à beira do amor cego
indo embora com ela
para um novo horizonte.

Do filho para o pai

para Carlos, agradecendo

Você levou Europa afora
o mar de Van Gogh para seu pai
dentro de um canudo de papel.
Ele escoou, mas não se perdeu
nem foi esquecido — o mar
é sempre uma lembrança
inesgotável em movimento.
O presente foi dado e ele
carrega ondas inolvidáveis.

Biografia da estátua

O mártir já sofreu
sua dor e a dos outros.
O tempo preciso passou
e ele está perto do mármore
que espera — bruto — as últimas
páginas dos últimos livros
para deixar, no correr dos dias
perfeitos e lapidares, o busto
surgir, o perfil, a efígie
que vai demorar na moeda e mais
o porte, posição, nome
para escutar parado a voz
do primeiro discurso.
O primeiro pingo de chuva
o irá corroer e torturar
lentamente no seu novo martírio
sob a indiferença progressiva do olhar
que esqueceu o feito e a figura.

Edward Hopper

para Sylvio Fraga Neto

Este pincel em vez de espalhar a cor
coordena-a e adensa sua luz pensada
que chega exata sem um pingo, um ponto
de exclamação! O silêncio é o hábito
nessas telas ao cobrir de dentro para fora
ou vice-versa a fachada, o interior
o desabitado e a ocupação quieta de poucos
à sombra, quase manequins sem pose
ao abandono cotidiano atrás do sol
do ar vítreo das janelas e vidraças
do ar livre em câmara lenta parado:
dianônimo ou um domingo impassível
deserto povoado de autoexílios.

Piquenique

Desjejum sobre a relva.
A carne nua ao natural
não tem pudor nem se arrepia
no frio breve e parece recortada
de uma outra cena e posta ali
olímpica, fica mais nua ainda
para abrir o apetite e arrepiar
pelo insólito quem está coberto
pelo calor da boa alfaiataria
e quem de fora espia.

Escritura

Toco a linha contínua antiaranha
porque assimétrica, marca Steinberg
a mesma do horizonte mas se verticaliza
devido à associação de imagens citadinas
no ar livre bailarino inventado por Calder
alinhavadas por decisões de esquinas que acontecem
linha fina parente longínqua daquela de Paul Klee
durante o dia e adiam a monotonia
o gráfico retilíneo da eternidade.

Dois cigarros

A fumaça do cigarro
de Giacometti é o primeiro
esboço de sua escultura
ou do seu pensamento fixo:
estátuas paradas andando
se repetem, uma passando
à frente da outra, desentranhadas
contínuas, ao rés do chão do mundo
lembram — em ferro — as feitas
e desfeitas na areia, pingo a pingo
pelas mãos das crianças
e desfeitas pela areia molhada
que o mar propicia
e desmancha — incessante.

para Laura Liuzzi

A fílmica fumaça do cigarro
aceso de Eduardo Coutinho
o configura contra o escuro
contra o negror de sua vida
escondida, contra o pano de fundo
preto, tal mortalha.
Mas sua cabeça de cabelos brancos
cinematográficos penteados pelo acaso

da imaginação solta e do sério pensamento
aparece livre de qualquer capuz
só aceitando o toque do pente pessoal
de dentes finos sem ajuda de outra mão.

Andy and

Lacônico, lacunar
luar talvez doente
mancha seu corpo
marcado/maquinal
neutro nulo nada
não anseia sair de si
e sim repetir-se
quase idêntico, mas
outro mais em outra
tiragem intérmina.

Error!

Morrer. Errar. Todos
esses erres guturais
ou o ritual alveolar
contra o duro palato
contra os dentes sem
saída lembram a denti
ção sem dentifrício fria
na caveira surgindo na
cara afora como a que
pintou Basquiat morrendo.

CANETAS MÚLTIPLAS

Rebuscado

Puxar pela memória
tirando pela cabeça
as roupas e ideias
como num conto de Cortázar.
Se algumas não saem
por serem apertadas
por causa da costura
só há possibilidade de rasgar
mesmo doendo e conseguir farrapos.

Quando se encara o difícil
escrever do interminável
pensamento pelo mau uso
do método Proust
mal lido em sete volumes
empilhados fora de ordem
à escuta nas mil e uma noites do quarto
sobressalta-se no maralto de lembranças
do inesquecível Marcel — o memorioso.

A partir de Kafka

para Modesto Carone

A metamorfose é a noite
e não à noite.
Não sabemos como vamos chegar
amanhã, à manhã.
Por onde fomos ou fomos levados:
tresnoitados ou dormidos.
No escuro ou em claro
para a ratoeira do gato
ou para o gato engatilhado
esperando o corredor
se acabar no fim das paredes paralelas
que no infinito se juntam
desembocando no beco inevitável
desatinado e destinado.

Conexão K/CDA

Preso na cama
no quarto de manhã
acorda sem concordância
da noite subentendida
detido dentro da carapaça
da mancha gráfica
composta por caracteres
que lutam para chegar
às palavras que rompem
as grades aos gritos
com todas as letras; javalis.

Um inseto e duas baratas

Fronha de cretone branca.
A um palmo de minha boca
aberta, acordando, uma barata
me espreitava e decidia para onde ir.
Para dentro do buraco escuro
para o cheiro de comida recém-mastigada?

Os dois imóveis na expectativa
não querendo se assustar mutuamente
apesar do ronco repentino na treva
provindo da respiração pesada do sono.

Dentro do meu pensamento
o inseto crescido, incrível de Kafka
e a barata quase doce de Clarice.
A minha era como que envernizada:
vermelho-escura, absurda ali.
De repente escolheu o rumo
foi para a mesa de cabeceira
desprezando meu hálito subiu no copo
até parar no cume espetado
da minha escova de dentes úmida.

Quarto de Gregor Samsa

O quarto que sobrou
perdeu as almofadas
o armário arrastado
a cama, mesa, cadeira
caída que estalava
de pernas para o ar.

A marcha do monstro
inominável, semovente
nas paredes, estranho
mesmo para os íntimos.
Só a morte vai limpar
sua mancha na família.

Ficou o chão vazio, mudo
arranhado pela mudança
a lâmpada cega por um fio
o cheiro de resto e ruído
da maçã azeda caída
impregnando o encerado.

INTROITO

A cara fechada
de fechadura
do castelo que deve
ser escrito
com K maiúsculo.

ENREDO

Ele se fecha, se impõe
esfíngico, senhorial
ou se defende do agrimensor
que vai medir seu alcance
a terra do seu entorno
e que o cerca cada vez
mais insistente, mais perto
sem deixar nenhuma fresta
abrir sua concha de pedra renhida
e mostrar sua possível pérola
ambos presos e condenados
ao empate, ao impasse
um do lado de dentro
outro do lado de fora.

FINAL

E se interrompem
sem se romper de repente
permanecendo imóveis
convictos e inacabados no tempo
da página do seu relatório?

Arthur

Não conseguiu mais respirar
no ar da página rarefeito
através das linhas em chamas.
Foi da fronteira para o front
com sua viseira de vidente
com suor e força dos sentidos
extremados — ladrão de fogo
de hálito delicado e aura.
Preferiu o espaço abrasivo
do deserto, da falta, do furo
de dor na perna, da trilha
traficante de certeiro fim
e juntou sua morte à do outro.

Para Cristina, leitora de Proust

Proust mal lido ou de ouvido
por fim me chega certo, pinçado
por sua leitura detida em francês
num piscar de olhos mais rápido
quando trazido por quem conhece
para o sabor da nossa língua
o esmero daquele que descreveu
a cada folha todas as suas nervuras
na frase serpentina percorrendo
sem abrir mão de nenhum volteio
os sete volumes do tempo perdido
mas constantemente lembrado
te atravessam e através de você
na sua tradução, superpondo-se
às outras, se transferem para mim.

Mario e Oswald

Dúbio, homo, homem à beça
com pouco tempo de criança
pois precisava escrever mil e uma
noites de cartas, além dos livros
das aulas, do serviço na Secretaria.
Até os cinquenta e um de vida
ia viver intenso em pesquisa
e conferência registrando do extra
ordinário ao ordinário como o ruído
da fivela de metal do cinto, do sexo
masculino e militar na madeira
do espaldar de uma cadeira morta.

Dúbio, hétero, homem à beça
com sua boca de boquirroto
de antropófago come de tudo
sem pensar com sua bocarra pop
linguarudo à la Mick Jagger
indecente, chupando e atirando
boutades e beldades para todos
os lados aos altos brados retumbantes
entre palmeiras estampadas no azul
das asas de borboletas presas
com seu voo sob o vidro das bandejas
ou sob o verde e amarelo das bandeiras!

Verbete de Clarice

Bela, séria, marcial
consigo própria se preciso for.
Não sei escrever sobre Clarice
ao certo mas ela acerta
ao escrever sobre mim
sem saber quem sou
a cada linha, como escreveu
sobre si, sobre Mineirinho.

Rosa e Lispector

Desabrocharam no mesmo tempo.
Algo em comum na peripécia
da aparência, das vestimentas
bem cortadas, mas na essência
se encontravam sem aparatos
embora escrevessem distantes
diferentes: ele para a literatura
ela para ele, para você, para qualquer.
Partiam da mesma base, ambos
sensitivos, místicos, mágicos.
Se reuniram no medo, na morte:
prevista, calculada, aos poucos.

Marcel e Clarice

para Carlos Mendes de Sousa

À mesa o tempo não passa.
O lustre paralisado sonha
com a luz de outra época
abrindo o leque
rápido e retrospectivo
a partir da xícara de chá
e do gosto da *madeleine*
mergulhada naquela infusão
da Índia ou de tília, da memória
trazendo toda a recordação até
o licor de anis de fruição fugidia
apoiada num instante isolado
e calmo — claro — estabelecido
no calor do álcool, na evaporação
da cor, no gole que combinava
as sensações de pertencimento
e perda, no sabor espraiado
de uma manhã a outra, ambas
vencidas, pretéritas, mas vivas
ao sair das noites passadas.

Lendo amor e sentindo Clarice

O cego e a planta cega
cercam a mulher que saltou
do bonde depois de deixar
cair a dúzia de ovos
vazando pela rede
em losango da bolsa.

Sentiu o cheiro
de gosma quase vômito
de nojo no chão do verão
grudando nas folhas
do jardim no meio da tarde
onde sentou para descansar

do susto, da queda também dela
para repensar
sensação por sensação
o que amava e doía
no começo da noite em casa
no fim daquele dia.

Na pedra repetente da poesia

O inominável inseto de Kafka.
O subsolo dostoievskiano.
A barata provada por Clarice.
No mar de rosas a gilete escondida
no sabonete do filme de Ana Carolina.
A voz carnealma de Amy Winehouse.
O Roçzeiral no jardim de letras de Gullar.
Tudo tão no íntimo assim insistente
forma o refrão aflitivo.
Nunca mais deixa de tocar
retido dentro do pensamento.

Entreato

Não há mais tempo
de ler algo de largo fôlego.
Nem de reler o mar de Melville.
As metáforas de mar estão cansadas
mas as ondas não cansam
de bater no paredão de cada dia.

Não há mais tempo
de paralisar-me para me ver imóvel
no espelho amansado pelo uso ou pretendo
me ver como os outros me veem
sem cuidado narcísico e ilusão?

Não há mais tempo
de limpar o céu das nuvens roucas
e toda noite lidar com o equilíbrio
de dormir na linha da cama
sem saber se vou cair no sono
ou se vou cair por terra.

Poeta maior

Bandeira no céu
sua pena de nuvem
antes desenha do que escreve
no papel de variada cor.

Em poucas palavras diz
nos matizes do arco-íris
na brisa breve ou no vento
preciso, branco, de passagem

o sofrido, o amor celebrado
a manhã, de tarde
na noite pontuada pelas
estrelas — o viver dos dias.

Identidade CDA

Olhos azuis levemente
enevoados como bolas de gude
atrás dos óculos.
Altura de 1m72, altivo.
Rosto feito à faca afiada
nariz afilado por corte certeiro
boca de traço reto, de mais
sorrisos do que de risadas.
Cicatriz no frontal do lado esquerdo
quase imperceptível.

João Cabral quatro por quatro

cadeira

Sentado ereto, a prumo.
Tão hierático quanto o lápis
de ponta aguda ou a caneta afiada
com os quais escreve e crava.

mesa

Folha A4 manuscrita no tampo.
Não há vento que a faça voar
nem precisa de peso de papel
pois o escrito pesa mais.

cama

Deitado tão reto de costas
poderia estar de pé
visto de outro ângulo: alinhado
na inspiração simétrica, em sentido.

cabra(s)

Pregadas quatro a quatro
na pedra — negras regradas
não deslizam, batem os pés
igual a quem bate à máquina.

Três mosqueteiros

Às vezes posso não gostar
de alguma poesia em Carlos
no mafuá de Manuel
no terno risca de giz de João.
Mas é um quê, um tique à toa
sujeito a sumir depois ou durante.

O mafuá de miudezas
a roupa sisuda caindo reta demais
a minha leitura, de vez em quando
é de uma implicância passageira
igual àquela que tenho e sinto
com o corte do fardão de Gullar.

Dupla

Borges guiou a mão de Menard
até eles conseguirem o *Dom Quixote*
sem tirar nem pôr de uma assentada
de olhos fechados, de cor, original.

Eu ao copiar à mão *A luta corporal*
não queria ser nem engolir Gullar
mas lutar com ele até o fim da linha
a fim de poder escrever nas entrelinhas.

A vida de Gullar em relance

Já começou um pouco acima
do chão: caiu, levantou-se pronto
para a luta corporal da linguagem
dentro da noite veloz, escrevendo
um poema sujo, na vertigem do dia
em meio a barulhos de muitas vozes
em alguma parte alguma.

DNA CDA

Não é possível
escapar de sua pedrada
e esconder a ferida incurável
do estigma.
Nem paga a pena
ser genérico ou placebo.
Mais vale se embaralhar com ele
e conseguir ficar de pé —
descartar-se — ensebado e livre
sendo só eu sem o seu eco.

DUO/ Carlos Drummond de Andrade e Antonio Candido

CDA veio antes de AC.
Depois não veio ninguém
de quilate igual por mais
força que se fizesse.
Mas eles nos deram
atentos a mão de letra
parecida e seguravam
a todos e nos erguiam
à altura onde estavam
e nós víamos a maravilha
que deixada escrita
no peitoril da paisagem
altíssima e nos amparavam
juntos, conjugados: ACDA
e num anagrama perfeito
CADA um nos salvava.

CDA = Wisnik

O trem de ferro leva o ferro
dos sinos abalados.
A mão enorme da montanha
se reduz ao dedo mínimo
um resto de lembrança
colado numa base de madeira:
um souvenir sofrido.

Trio

O gume de Machado
é fino, custa mais a doer.
O corte de Drummond
tem dor imediata.
A flor do primeiro
é furta-cor, a do segundo
não tem colorido.
Antonio Candido preciso
esmiúça os dois com o lápis
bem apontado e monta
um esquema para um
e as linhas para
as inquietudes do outro.

Leitura

Um autor se lê
por cima do ombro dele.
Mas quando se trata de Machado
parece que ele virou a cabeça
e nos encara para explicar
ou hipnotizar melhor.
Fica tão perto que podemos
sentir seu hálito amargo
o cheiro de lã e goma
que o compõe a qualquer hora.

Carlos Drummond, por exemplo
ao lê-lo, em papel-bíblia
usava o seguinte recurso
sutil, leve e íntimo
possível porque próximo:
marcava à unha a passagem
interessante para não ferir
com lápis ou pena, a folha
tão fina quanto o escrito
que às vezes feria.

A terceira perna

A bengala de junco de tio Francisco
é parente da de Antonio Candido
que o conheceu: servem de companhia
amparo e meditação.
Já o guarda-chuva inglês do meu pai
presente fálico de noivado de minha mãe
disfarce de bengala o serviu por 50 anos.
Hoje está comigo há 100 e tenta
proteger-me do dilúvio.

Viagem de Graciliano Ramos

> *A primeira edição do* Viagem *do Graciliano e sua marca de seis décadas na folha de rosto. Não entendo se agora essa sombra do título, da viagem, essa memória-ruína, aumentará ou se apagará com o tempo. Também não entendo como ela se fixou lá.*
>
> Mariano Marovatto

A *Viagem* impressa na capa
desse exemplar vaza
para a folha de guarda
ou falso rosto ou rosto.
Continuará vazando, folha
por folha, até o fim do livro
até o término da viagem?

Ou se o vazamento ficou
imperceptível não será
um indício que a viagem
foi longa, antiga e agora sob
camadas de olvido não dá
para ver mais seu anúncio
em estado de pentimento?

Pensando triste em Tite de Lemos

O conjunto de sonetos afiado
é de desenho cursivo, a florete.
Pode ser visto como a Ars Amandi
deste poeta morrendo diante dela.

Corrida de puro-sangue, leve
apesar de ser de ferro.
Pégaso onde a Piedade torce
pelo amor contra a derrota.

A bico de pena o traçado
da raia risca a sentença:
se de ganho, se de perdição.

A linha tenta dar continuidade
na corrida — na reta final
para deter o sangue até a meta.

Pensando intenso em João Gilberto Noll

A morte de um amigo
impressiona mais
do que a morte dos pais
feitos para morrer.

O filho pensado
talvez não aconteceu
por medo de perdê-lo
sem querer, antes do tempo.

A morte de um amigo
reflete a minha morte
antes de ela ocorrer
por onde eu passo.

Será assim: roçando
o corpo parado
frente a frente sem
distância de mim mesmo

do seu suspiro último
embaçando nós dois
sem ter ninguém para lhe dar
a mão como queria seu desejo.

Baudelaire

Belo em tudo o que escreve
mesmo terrível — vindo do ar
da imaginação para a terra.
Se inscreve em todos os leitores.
Talvez disse não sei onde
que o amor de duas mulheres
é o roçar de duas esferas.

E.H.

Leão desde o começo
desde a primeira linha
escreve reto na medida justa.
Flaubert iria gostar da economia
elegante do manuscrito
tantas vezes rasurado
até chegar à perfeição
e descrever, gota a gota
o sumo em pauta do espírito, do corpo
terminando o parágrafo sem sobras.
E se não for felino será taurino
ou espadarte de mar e onda
ou ainda touro explosivo
todos como si mesmo — terminais
no azul anzol, espada final, tiro
na cabeça em certa manhã.

A arte da escrita

Flor aberta a custo
por um reescritor de si mesmo
com sua pena de ponta fina:
páginas várias vezes rasuradas
até achar o equilíbrio certo
na linha e na entrelinha.

O escrito escorreito demora
a chegar perfeito do pensamento
atravessando o dia com vagar e meditação
nas folhas brancas a princípio
e pé ante pé as preenche
com palavras justas e assinadas — Flaubert.

Ardor

para Ada e Van

O primeiro verão já se instalou.
Pólen, prímula, a boca das flores
se abrindo no espaço cego de um segundo
entre o piscar dos olhos:
espasmo por vir, vai acabar
no auge deste estágio de folhas, frutos
de ramos derramados por todo o jardim
deixando-se atravessar num átimo —
tão veloz que a vista não acompanha
o crescimento visível mas não surpreendido
no ato de alongar-se a não ser no aroma
que se enlaça no arame do caramanchão
armado desde o piso de terra até o cimo
mais perto do céu — em primavera.

Jogos

1

Problema e poema nabokovianos
a poder de régua e caneta
se estruturam no risco
do xadrez das possibilidades.

2

Os lápis de cor de Nabokov
desenham com as letras
da palavra borboleta.
Logo depois de escrita
[um *r* se insere na última sílaba]
em todos os seus tons é presa
pelas pontas finas e seus retoques:
lolita pluricolor 1955
numa ficha de asa a asa
e não treme nem esvoaça
como as outras que ilustram
nos variados lances de xadrez
de cores, vidas breves de arco-íris
os voos livres sem destino fixo
tornando o espaço e o céu móbile.

3

Lo-li-ta começa a ser montada
na brincadeira, nos cubos de letras
e se soletra do início ao fim
do livro de histórias
para melhor ser degustada
como o drops vermelho
com um furo no meio
perfeito para a ponta
da língua alojar-se
se deixando chupar
pela boca que busca
o gosto moço do suor
encoberto pela rala
penugem loura.

Dueto

Angela Melim não tem nada de anjo.
Verdes olhos ferozes, unhas vermelhas.
Dentes frontais separados prontos para morder.
Escreve partindo dessa imagem bela, feroz.
Este vai ser seu estilo vida afora: fogaréu.

Ana Cristina Cesar pode passar por anjo.
Olhos atrás dos óculos escuros ocultam o frenesi.
Sem eles as poucas pestanas albinas aparecem.
Escreve partindo dessa imagem bela, lunar.
Este vai ser seu estilo vida afora: fogo-fátuo.

Das duas, uma. Por que não ambas?
Uma rosna outra ronrona em fúria.
Nasceram no mesmo ano, poetas claras.
Escrevem uma olhando por cima do ombro da outra.
Este é o estilo das duas vida afora: misto, colado.

De noite

para Alice Sant'Anna

O travesseiro é uma gaveta.
Se não guarda sonhos
nem mesmo os seus fiapos
mantém a salvo da noite
sob a vigilância de quem dorme
debaixo da coberta do sono
lembranças palpáveis, raras
que são verdadeiros sonhos.

Ensaio

para Linda

Seria enleio a palavra ideal
o mot juste flaubertiano
para transmitir com perfeição
a carícia breve e sinuosa
que a gata executa meio indiferente?
Afinal ela não se desgasta à toa
ao se roçar meiga na minha perna
cumprindo mais uma função
em vez de um desejo amoroso
para assinalar sua presença
às vezes em absoluto silêncio
outras tantas ronronando.
Tudo na medida certa, estudado
sublinhado por um minimiado raro
me deixando carente querendo
que o afeto não pare jamais.

Palpito

para Alícia Duarte Penna

Sua poesia desgrenha, ousa.
Saia rodada não teme o vento.
Cabeleira e um cigarro atrás do outro.
Com as costas retas no sofá não encosta.
E a voz de quem afia facas no amolador.
Mais: a bolsa carregada, hermética
inviolada. Nada de manhã.
Corre à tarde. Escreve à noite
sob a pele morta do luar.
É essa a ordem cristalina?
Ou não tem hora para nada, estabanada?
Não respeita a cristaleira da família
atrás dos óculos? Perfil de ave, agudo
de voo incisivo, com algo de tesoura
não corta suas asas nem tosa.

Morte-cor

Morta-viva, a noite passa.
O trabalho do sono não começa
perde o fio e descobre a nudez.
Mortalha desfeita pelo tempo
pelos focinhos de luz que farejam
e já furam a janela em busca
do corpo transgressor insepulto.

Morta-viva em outro passo.
Pálida, translúcida, impalpável
enfrenta a luz dos dias
com a sua de opala em agonia
e glória. Não se deixa enterrar
apesar do peso de toda a terra
sobre seu corpo irradiante.

Esperança

Morta há muito, no entanto
está viva em amostras, pedaços
de sonho e tiram se preciso for
miudezas, sobras, sentidos.
E a veem cada vez mais viva
inventada enquanto eu, íntimo
conhecedor palmo a palmo
da sua pele e fragrância
espero um holograma seu enevoado
um dispositivo longe/perto
um aplicativo para matar saudades.

Renascimento

2 de junho, dia de aniversário de Ana Cristina Cesar

Um belo dia, o dia
ficou mais belo: loura
olhos azuis com sutis
duas ou três pestanas albinas
fausse maigre, atlética
de biquíni com saiote
em Ipanema, ela não era
a garota famosa, mas ia ficar
diante do mar, recortada
quando o sol amansava
em respeito, em reverência
a sua pele, a sua tez lunar.

Rompante

> *Vestida de boa senhora, ela injeta a sombra onde o sol durava.*
>
> Edimilson de Almeida Pereira

A passos largos, batom vermelho, cabelos violentos.
Ela era dessas pessoas
que deslocavam o ar
                quando passava:
lispectoriana escrita e escarrada
e sua saia levantava o vento.
Não sei se a vi assim, faz tantos anos!
Ou se me contaram
e a imagino nesse cenário:
cataplasma, placa implacável de metal
o sol branco do meio-dia endurece mais
o cimento da calçada, as sombras dela
e das árvores formam lagos ilusórios, trêmulos
as paredes de calor são ultrapassadas sem pensar.
Maura Lopes Cançado na avenida
da sua vida, caminhando até o fim.

Maura Lopes Cançado
foi ao crime para se livrar
da dor das descargas elétricas
que lhe atravessavam a cabeça

*e saiu do hospital para o hospício
aprisionada na cela dolorosa.*

Anna Letycia

Quando moça
saia xadrez e mocassins
pisando firme.
Era o estilo chic
e ao mesmo tempo simples
nos dias frios, séria
apressada, e eu a seguia
saindo da adolescência
até ela tomar o ônibus.

Artista primorosa e exata
consegui alcançá-la
na meia-idade de nós dois:
vizinhos na Urca
em conversas sucintas.
Acabamos por fazer um álbum
Sol e carroceria que iluminava
meu texto com suas serigrafias
feitas sob medida e rigor.

Virginia

Ouse. Ande, ainda dá pé
apesar do corpo empedrado
infiel consigo mesmo
como todos são.
Caminhe para o fundo
e enfrente o arrependimento
pois já é insuportável
continuar assim pisando
no chão firme e frio.
Ouse e alguns dias depois
terá chegado na vazante
na foz sem vozes
livre da corrente — partida.

Contra Bishop

A arte de perder não é nenhum mistério.
Será o quê? Contém em si o acidente e tantas
coisas: perder só pode ser muito sério.
Pois aceito as lágrimas, a chave perdida
da minha vida, a hora austera gasta à toa.

A arte de perder é movida a sofrimento
porque de morte é feita vagarosamente.
Começa pelo dia que já vai indo, deixando
para trás as coisas em si: momentos, nomes
o relógio do meu pai me controlando.

A arte de perder como escreveu Ana C.
é uma lenha, vai se queimando
minuto a minuto e o seu mistério
existe sim, sério e doloroso
no fogo crepitante cada vez mais perto.

A arte de perder você na lembrança
esquecendo, paulatino, a cor do seu vestido
só não é muito séria para quem é fria
e desmerece a dor desta paráfrase deturpada.

Caçando Marianne Moore

Seu verso é tão difícil, tão quebrado
não liga para a beleza nem é feito
para ser usufruído de pronto.
Não tem gosto a não ser de lâmina
de quem engole facas no circo.
Parece ter sido criptografado
em qualquer língua em que se tenta lê-lo
assimétrico, anticabralino, carta enigmática.

Não foi escrito exatamente
mas içado com anzol — peixe —
ou *n* coisas que passam
fisgadas pela sua cabeça ou seu chapéu.
Tem que relê-la
para compreender melhor
e não esquecer rápido o registro
do dito ou subentendido.

Emily Dickinson em ação em dois momentos

para Brenda e Robert

1

Oclusa a vida inteira, de biscuit
sustenta a casa de madrugada
dia após dia, ano a ano
no breu ou no luar, no sol, na neve —
cariátide — escreve na folha
hierática o que transmite
com sua pena em staccato
para recuperar o fôlego
entre travessões destacando
o escrito e o que vai ser.

2

Um pingo de ideia pinga.
Poderia parar mas não.
Continua pingando e a ideia
abre um palmo — de pingo a poça
e daí se alastra — lago — transborda:
rio corrente — e logo — começo
de mar profundo que não dá pé
e chega a hora, o tempo
de botar os pingos nos is.

Foto eterna de Godard

Fotogramas um por um
vistos fora da máquina.
Quando se estica a fita
de celuloide contra a luz
à mão, para ver se está
ok a nitidez do filme.

A fotografia
tantas vezes repetida
em jornais, revistas
capas de livros, camisetas
durante todos esses anos
qual filme seria inevitável?

Aquele/rápido no corte/
sufocante/astuto/traiçoeiro/
amor/nu e coberto/revólver/
atirando/contra o sol/contra/
um ser qualquer/em fuga/
acossado/à bout de souffle?

Cinepoeta

Nem todo cinema é poesia.
Somente certos filmes raros são poemas
assim como também raros os poemas.
Exemplo: *À bout de souffle* de Godard
um poeta de nascença, de mão cheia
antes de ser cineasta de óculos escuros
barba por fazer, descabelado.

Nessa película, feita de piscar de olhos
relances, coração na boca, à flor da pele
dos seus atores: Seberg e Belmondo.
E nunca a nudez foi tão nua, embora
o lençol a cobrisse por completo
se debatendo entre amor e morte
traição e entrega, de cortes e mudança
de planos — bruscos — iluminados
pela poética que o verso propicia.

E a trilha sonora escolhida a dedo, sublinhando
a ação e o pensamento, o refúgio e a fuga
entrecortados em pleno sobressalto
da montagem, no corpo a corpo
das imagens, na sensação da sala escura
e se infiltra na percepção do que vi e senti
preso na ponta da cadeira — acossado.

Um leque

O vento da circunstância
à mão, a mão segura
e abre prega por prega
seu pulso, calculando
o ritmo da aragem
refresca e modela a face
o colo, o sorriso reticente
de um golpe se encerra
com um ruído uníssono, seco
de fechar de asas — stéphane/fan —
reunidas no punho do curto evento.

Papiro/Papel

Todo livro é um arquivo
com capas e cabeçalhos
se desenrolando até ser outro.
E assim sucessivamente.
Cada um com o mar dos seus assuntos
específicos, intermináveis.
E quando se enrolam vemos as ondas
os róis seguros, encadernados
sentidos como partes de um todo, de tomos
postos, escritos em diferentes tempos, lugares
estantes, por variadas mãos étnicas.

Trifásico

No primeiro caderno de estudo
na sua simples folha, o poema
se escreve entre rasuras
ferimentos mesmo, falhas
de todo tipo e às vezes
chegam a rasgar a página
antes leve e agora pesada
de tantos reparos e borrão.

No segundo, se passa a limpo
à máquina, o rascunho primeiro
para aclarar o sentido e corrigir
o que saiu errado, tremido
necessitando correção.

No terceiro, no computador
o poema respira mais limpo
sempre sujeito a ser
repreendido à mão
para o aperfeiçoamento razoável
mesmo suspeito à dúvida
e tudo pode ser melhorado
embora sem o impossível ponto ideal.

Vida de papel

Livro esgotado de tantas folhas
de tantas correções, de emendas
à margem das páginas do rascunho
que se repete riscado com raiva
carregado da escrita já sem fôlego.
Mas não acaba, apesar do ponto
final fictício, quer prosseguir
sua vida nos volumes que jazem
empilhados no chão da livraria
saindo pouco, prontos para ser
com o estoque vendidos a peso.

Palavra

As páginas brancas
as quais deram volume
ao livro primeiro
para a encadernação
ter uma lombada
mesmo mínima
já foram descritas
em outra folha.

Os livros seguintes
também têm páginas
brancas
infinitas, invisíveis:
nem tudo consegue
ser dito ou permitido.
O que é calado não
é nem melhor nem pior:
não soube apenas.

Caderno

A memória é feita do papel fino
que separa uma página da outra.
Através das de permeio já se conseguia
lembrar, ler em esboço o pensado.
Foi escrito e impresso depois:
firme para leitura corrida, legível de imediato
o passado vencido, página virada.

No leito da leitura

O livro das preocupações
vira mais uma página
irresolvida e a cada dia
aumenta o peso
em quem o pega, lê e o leva
na cabeceira da insônia.
Quantas folhas ainda faltam?
Quantos tomos se empilham
em equilíbrio, quanto tempo
levará para caírem no chão
os compêndios impensados?

A carta guardada

Minha carta secreta
desde que me entendo
está escondida aqui dentro
e fechada com o lacre
vermelho de sangue.

Não foi colada com cuspe
nem, como a de Poe, posta
num esconderijo óbvio
e não encontrada
por falta de astúcia.

A carta sou eu por isso
foi sentida; agora
começa a dar sinal
vai se abrindo sozinha
mas ninguém lerá seu segredo.

Fábula

O que sente a flor
quando o beija-flor a beija?
Não é beijo.
É defloramento
talvez à força.

Se não fosse a chuva
produzida pela natureza
ou a água que a mão rega
o perfume floral
não existiria

pois vive à mercê do violento pássaro
na aparência tão delicado
que alfineta com seu bico sôfrego
e insistente o coração da flor escolhida
para sofrer alguns segundos de um minuto.

Ou estarei enganado e piegas?
Beija-flor e flor podem precisar
um do outro para se multiplicarem.

Entre três

Nunca os vi lendo poesia
mergulhados no livro
entre uma estrofe e outra.

Tampouco ouvi nenhum
comentário entre eles
ou com o poeta residente.

Parece que as raias
dos versos afastam um do outro
ou afastam quem escreve

daqueles que não leem
por não entender as linhas
interrompidas de súbito.

Peso-pesado

O dicionário diz de tudo
um pouco — muito — e com o tempo
vai aumentando o volume, o disse
me disse; único livro sem fim
onde o povo, a multidão
fala de A a Z, do nobre ao chulo
companheiro ao alcance das mãos
de quem escreve, de quem quer ouvir
a algaravia dos sentidos diversos
múltiplos, sobre a mesa
um ao lado do outro, ciciando
na mesma página de papel tão fino
pai de todos, até dos burros.

Devoro livros

A boca aberta da estante
com seus maxilares doídos
de tanto mastigar livros
dentes vão caindo: uns esquecidos
outros engolidos, arrancados
da arcada descascada
expondo as falhas dos perdidos
não lidos, largados no meio.

Perfil

Ambidestro desde sempre
chuto com os dois pés
escrevo com as duas mãos.
Comecei, se lembro bem
a desenhar com a esquerda
figuras elementares.
Disseram mais tarde
depois de me forçarem a ir
em cadernos comportados
para a direita que fiquei gago por isso
lavando as mãos da culpa.
Por via das dúvidas
voltei à sinistra
disfarçada, incorporada
na mão destra.

Nãxox!

Minha letra era boa
embora teimasse em dizer
coisas, na maioria das vezes
más, duras, e a caligrafia
resistia a tudo o que em cruel
era escrito com estilo.

Agora, quando me permito
alguma flor de alegria
o que corre e cai é a — cali —
fora da linha a — grafia —
volta a escurecer a escrita
tremida, ilegível, errada.

Tremor

O traçado da assinatura
era firme, veloz, reto.
Caligrafia, como diz o nome
era bela, legível, divulgava
o que se intuía, trans
crevendo até o que se
pensava mais recôndito.
Não carecia do apoio
da pauta, mesmo se não
a tivesse como amparo.
De um dia para o outro
a linha da letra desalinhou
ficou ilegível — rabisco —
da firma do nome próprio.

Modos de escrever

O primeiro passo é no piso
rugoso do pensamento; semente
que custa ou não a chegar na folha
lisa e nos écrans disponíveis.
Os dedos podem mudar seu uso:
ora apanhando o lápis, ora
datilográficos com a matraca
disparada da máquina de escrever
ou ainda, suaves, executando
em todos os casos e teclados
algoritmos — pena — finitos.

Agonia

A esferográfica perde
a olhos vistos seu traçado.
Escreve só à força
e mesmo assim emperra
sendo necessários rabiscos
furiosos feitos à margem
chegando a rasgar o papel.

Acaba sendo um retrato
a descrição anticaligráfica
garranchosa, ilegível
do acontecido gaguejante
dentro do pensamento
de quem tenta e insiste ainda
em escrevinhar algo que valha a pena.

Prova

A letra, a lápis
na minha mão ginasiana
desmaia
mesmo com cuidado.
Não precisa de borracha
nem quebrar a ponta.

À caneta, não esboça
e mesmo no rascunho
tem um ar firme
definido, definitivo
e apesar da rasura
próxima se afirma.

Por isso
não fico na dúvida
entre
um e outra
aflito em perder
o pensado, o escrito.

Igual à letra
da máquina
que palpita
e metralha

sua marca digital
em carne e osso.

Como acontece
na água leniente
do computador:
não marulha
e em silêncio se
autodesaparece.

Modos de ler

Livros fechados pesam
igual a pedras mudas
mas quando abrem
viram pássaros
batem as asas
começam a dizer
o que foi impresso
folha a folha
num falatório
próprio, com a marca
a ênfase de cada um
dos seus personagens
dos seus poemas
abandonados antes do fim
ou lidos — finalizados
e relidos uns
esquecidos outros
com bom gosto ou vômito.

Bolo, 2017

Desde o começo
a primeira vela é apagada.
As outras na linha da vida
no correr dos anos quando acesas — idem.

Quantas acesas e apagadas
que iluminam e queimam em tempos diferentes
serão ainda contadas
tendo ao redor palmas, sopros, canto em coro?

Neste caso somente (?)
foram setenta e sete luzes mortas:
no mínimo uma por ano.
A caixa de fósforos Fiat Lux já ficou vazia?

Matar

Comer o ovo de que modo for
exige o cálculo assassino
de um aborto, ab ovo.

Cru com um alfinete fazendo
um fino furo na casca
para sugá-lo até o fim.

Cozido na água fervendo
para a mordida dos dentes.
Frito na frigideira pelando.

Mas como quebrá-lo aí
evitando a catástrofe
da clara e gema mão adentro?

Conjugando a difícil
delicadeza e violência
num mesmo e único gesto?

Lição

Para ler Wittgenstein é preciso
ter engenho:
pular o desentendimento e ir em frente
a fim de se possível entendê-lo um dia
e beber o néctar exigente oferecido
na conta certa
aos poucos como quem
encara uma escadaria até o fim da sede
do fôlego e chega ao fundo
sem perder
derramar uma gota
sorvendo
pingo por pingo — sôfrego.

E quando for urgente reler
pensar parado atento
no mesmo degrau ou voltar
e treler logo ou depois de um ano
ou de quantos forem necessários
fazendo ginástica nas barras
da linguagem, no seu cálculo
e investigar numerando
o final perfeito
tendo um certo alívio

por saber: "sobre aquilo
de que não se pode falar
deve-se calar" — e pronto.

CASA CORPO ADENTRO

De mau humor, com ressalvas

Escrevi para ter o que fazer.
Escrevi para mim.
Não importava o colégio
e os professores sebosos.
Os casamentos sequenciais.
O trabalho nas entidades
ao longo de 35 anos forçados
tendo que dar satisfações
aos idiotas de plantão
batendo ponto todo dia.
Escrevi contra a família em geral
sua estrutura de cama e mesa
mas os pais conseguiram escapar
a mulher decisiva, definitiva, também.
E os filhos apesar de alguma má-criação
mais um lindo par de netos longínquos, idem.

Queda

Escada, cada degrau
pode interromper
falsear sua gargalhada
velha desdentada
e se cai então súbito
desde o mais alto
até o mais perto do chão.
Primeiro ou último
depende do dia de Escher
dos seus degraus suspeitos
no meio cruzados
de corrimões
indecisos lado a lado
se sobem ou descem.
Mas a queda é
mais por dentro
e não por fora
da escada que ganha
um status novo perigoso
no cotidiano da casa.

Ampulheta

Cada degrau da escada
é uma etapa subindo
do mais baixo quase chão
e vai passo a passo
aumentando o seu salto
na escala que se eleva
e leva, se põe a prumo
chega ao topo, perto
do teto, do céu, da queda.

E através da casa
por onde se ia rápido
vai esfarinhando a passada
um pé depois do outro
pesado que puxa
para baixo — lastro — parecendo
subir e descer no tempo
indo pro alto ou pro piso
nos doze degraus dos anos.

Recorte

Andando todo o dia no mesmo caminho.
De surpresa suadouro gratuito frio de lâmina
sob o aço do sol e a ardência no peito, volta e meia.
Dez anos se passaram assim sem saber.

Depois na urgência o corpo foi aberto
de alto a baixo e se salvou por um triz
num só dia enquanto a poltrona de pés de garra
aguardava vazia à espera.

Para meu filho

Secam as lágrimas na parede.
Me envergonho de fazer
com que ele lute contra o choro
e se decepcione comigo.
Na convalescença depois
da carnificina lia
em voz alta para me entreter.
Nunca fui tão acompanhado
com tanta delicadeza e propriedade.
Séria a leitura sem lágrimas
amenizava o sofrido amor mútuo.
Nunca te perdoarei corpo carrasco
ter cedido de surpresa tão cedo
e fazer dos meus caminhos cicatrizes.

Insono

Torpor em torno.
Falta de sono separa
pensamento e corpo
enquanto o narcótico
continuará durando
durante o dia dormente.

Motor entranhado
rumina seu veneno
mas não sai do lugar
nem apaga a negra tarja
que veda e mancha
a vida escurecendo.

Alianças

Casal de pedra e cal
cônjuges geminados
um na jugular do outro:
ímãs que se atraem
ou se repelem repentinos
com a mesma força e decisão
no campo minado dos corpos.

Na casa franzida
de portas zangadas
batendo com força
nos portais, de janelas
todas com grade, só
a fluidez de um gato
passa com sua doçura.

No silêncio

Quando eu não estiver aqui
quem vai passar as chaves na porta
dando duas voltas e mais o ferrolho
e a tranca para barrar os fantasmas de toda cepa?
Quem vai ver se o gás está fechado
muitas vezes e as luzes estratégicas acesas, atentas?
Quem conseguirá com menos tocs nas paredes
compactas do escuro anular a dúvida, o medo
e dormir seguro com a lâmpada da cabeceira só e
                                                  [apagada?

Vida e morte

A arma mais infalível
não é a de fogo nem a branca
ou outras que tais
é a do corpo: não erra.
Suicida de nascença sem saber
o alvo frontal se acerta
se autofere até enterrado.
Pode não matar logo
mas permanece doendo
e conforme a idade
avança, invade
de dentro para fora
ou vice-versa, dura
não cura a lembrança
marcada na carne e na terra.
Vive e mesmo
que não morra
não esquece da morte
de raspão ou em cheio.

Durante amor

Candura e tortura o amor comporta.
Faca e afago fogo efêmero
em ataques isolados ou entrelaços
cada qual podendo significar o outro
provenientes da mesma fonte.

Olha a chuva batendo
batendo
nesse dia impreciso
dividindo em duas
direções contrárias
e a mão que desenha
dois corações divergentes.

De inesperados sentidos
no seu aparente e latejante oposto
resultando sem ser estranho refletidos
no espelho incerto do céu feito
de sol, relâmpago e luar, conjugados.

Marfim e aço

Quantas facas nesse livro.
Primeira, a de meu pai
de marfim róseo abrindo
páginas antigas
deitado na cama do quarto
semicerrado, dias sim dias não
com minha mãe ao lado.

Quando a escuto um pouco depois
incompreensível úmida no seu marfim
perante o ruído do serrilhado.

Ou mais preciso:
o gemido proveniente
da força delicada e escura do corte.
Mas não posso calar-me da que é de aço
cega, fulgurante, presumo com lâmina fina
não vista nem sentida mas ficaram em mim
as marcas do rasgo até hoje e agora.

Utensílio

Facão de cozinha
pousado na pedra mármore.
Parece inerte
na paz do seu aço brilhante
mas também pronto para
virar facada, faísca
asa afiada da lâmina
que se lança louca furiosa
em mim, em qq. um
até seu cabo vermelho.

Cego amor

O rigor do amor
tem dois gumes.
Um com a nua faca
sem nenhum cuidado.
Outro na bainha
dormindo vestido.
Os dois são incontidos:
o primeiro tem a mesma
sede de viver que o outro.
Como no escuro dos corpos
na pressa da paixão
saber o risco e de quem
foi o corte dos dois?

União

Amor despido do sexo
pode não ser distante.
A distância dos corpos
aumenta o desejo nu
descoberto e intocado.
A nudez do espaço
do encontro atiça
o tesão imaginário
e o sonho sem saída.

Em duas quadras

Porém meu ódio é o melhor de mim

CDA

Sei odiar. Em seu seio
minha mordida
e o consequente veneno
supera o de qualquer serpente.

Mesmo morta sua vida
continua dentro da minha
como antídoto contra tudo
que o mal pensa e atua.

Tipos de dor

A dor física é a sua réplica
e não necessita de espelho
para repetir-se; inclusa
no corpo é dura metamorfose
e veste outra roupa completa
esgarçada de tanto apertá-lo.

A dor moral pontua, tem sabor
de aranha suja: entranhada
inesquecível durante a vida
inteira que volta e meia
arranha, reanima seu ferrão
no meio da noite sem cura.

Se ambas reúnem seus surtos
numa só nuvem nítida, parada
no mesmo dia e hora certeira
a dor é bicéfala, aberração
feita de maldades diferentes:
uma morde outra não sopra.

Assassinatos

Você poderia não ter sido
como não foi aquele que o antecederia
se não fosse o assassinato dele
mesmo passível de amor
foi sacrificado com a esperança
de ser esquecido, sem dó, sem dor.

Mas a imagem dele subsiste doída
feita de imaginação e escuro.
E o outro mais anterior ainda
seu meio-irmão que não foi também?
Se eles tivessem vingado
você acredita que teria sido?

Tempo ao tempo

Diáfano como a maioria.
Passa sem deixar marca
na memória: transparente
(ao menos a luz o atravessa)
e se superpõe aos outros
ano afora assim como este
a outros anos, fanados
no fim do calendário
emendando sua folha
inicial à outra idêntica
à última, num moto-contínuo
que praticamente não para
apesar da força da ilusão
em sentido contrário
nem assinala nenhum
ponto relevante e mesmo
se for corre o risco
de não ser de cair cedo
ou tarde no esquecimento.
Tempos idos ou vindos
não cessam embora
pareçam estar parados.

Códigos

Corpo de barras. A máquina
dos sentidos lê automática.
Lê desatenta.
As linhas traçadas há muito
não carecem de decifração
pois o destino delas está posto.

Mas se não for assim e o código
pedir leitura lenta, atenta, letra
a letra, pensativa, porque
o que está ali determinado
contém surpresas e desvios de
última hora impostos pelo acaso.

75 anos

Vivo pela metade.
E mesmo a que restou
perdeu valores.
A ponte do desejo estendida
feita de fluido e pegada
esgarça sua composição
perto do fim há tanto temido.

Mas não se interrompe ainda:
mantém hesitante e incerta
o risco do esforço, a travessia
quer chegar pelo sobressalto
do espasmo ao outro lado
doce úmido antes da liga
se diluir e desanimar indo se matar.

Disfunção

Broxa. Sem tinta.
A lata seca. Como pintar assim?
Como colorir a existência
com a nuança de todas as cores?
Dar vida aos movimentos
penetrantes e meigos?
Não se sentir em si a não ser
com um empurrão artificial
e não com a força nua de si mesmo
por dentro o calor potente
da pintura da natureza?

Triplos

> *Dentaduras duplas!*
> *Inda não sou bem velho*
> *para merecer-vos ...*
>
> CDA

Implantes triplos!
Já sou bem velho
para merecê-los.
Uma ponte móvel
e coroas suspeitas
não bastam mais
para modelar
o riso, a gargalhada
nem sustentar
o variado beijo
de amor, o chupão
a chupada genital
o peso da língua
em ação na origem
do mundo, morder
o aroma tão forte
que se materializa
e marca a presença
do outro na lembrança

o dia todo, na comida
mastigada, na água
bebida, na pasta
de dente que desiste
do seu perfume
e se deixa infiltrar
por aquele gosto
de planta e bicho
e não sai da escova
do fio dental, entre
dentes, na mucosa
boca adentro, íntimo.
E de repente reaparece
na toalha enrustido
na esponja, no sabão
trazendo o outro
novamente, nódoa
mancha: não sai
não lavável, irreversível
fixa e firmada.
Implantes triplos!
Só com eles
poderei recuperar
a força da mordida
e da chupada
sem medo de soltar
a dentadura?
Esquecer Corega
e seu grude de cola?
O copo à cabeceira

a boca murcha noturna?
E o Halitol, sabor
de plástico e fábrica?
Com outra dentição
de pinos e oficina
sem nervos, automática
terá ela a mesma
sensibilidade da original?
O ruído do amor
manterá o sussurro
ou será de rangido feito?
Sem dor, inoxidável
a paixão será igual
diante da nudez
ou expressa por um
esgar somente?
E o riso tão perfeito
no fim da vida
terá utilidade
no quarto escuro
do caixão, já que o morto
não ri nunca?

Eterna

No invólucro da lâmpada
está escrito: "duração 15 anos".
Essa luz me sobreviverá
com a iluminação poderosa
como a do sol sem desligar-se
a não ser sob meu comando
voluntário, na cabeceira
para dormir ou involuntário
quando apago sem saber.

Mal-estar

Calor pesado, além
do corpo — que embora
magro carrega a obesidade
morticida na mochila
interior, engordando
para dentro ao comer
empurrado sem gula
o indigesto, indigerível
prato feito de cada dia
o pratarraz jamais vazio.

Despedida

Gravata não há.
Possíveis paletós
de pijama ou não.
Camisa, camiseta
bata, calça
improvável bermuda
impossível boné
sapato ou tênis esporádico
e os óculos cegos sem olhos.

Não preciso de nada.
Apenas da minha
nudez no máximo.
Que não fique ao relento
repentina mas calculada
na cama aceitando
como último pudor
a coberta branca da mortalha.

Sumário

Suicidas não se matam somente.
Matam a morte no duelo
do dia a dia e empatam
o jogo da vida inteira.
Contudo são mais valentes
porque se decidiram primeiro.

Convencimento

A beleza exige um rosto
revelado o rosto único
esclarecendo o dia e sustentando
a claridade através da vida
em puro esforço tenaz e delicado.
A beleza tem um rosto a zelar
incansável, impossível, incapaz
de gastar-se no amor.

Ida ou volta

Escrever sobre minha morte
não acerca de mais em cima
sem falar em caixão lustroso
de preço onde estarei preso
para apodrecer como fazê-lo?
No improvável delírio do retrospecto
fulminante e aglomerado de cenas
idas e vividas numa espécie
de trailer ou caleidoscópio
seria bastante para dar conta
sumária de uma vida inteira
com todo seu fragor e fragrância?
Ou tudo seria somente nada
isento de fantasia e fantasma?

Amor

Nos debruçamos hoje
na beira do desejo deles.
Para vê-los e lembrar
da nossa antiga velocidade
e fome entra dia sai dia.

Entre nós você foi feito
dia sim dia não no pensamento.
Discutido, negado
tantas vezes quanto desejável
até quando a vida venceu.

Em que dia? Em que véspera
se noturno? Ou se vespertino
em que hora? E se de manhã
em qual a sua se uniu à do mundo
e vingou, destinada?

Foi de madrugada. Mas qual?
Isso fica no segredo eterno do corpo
e das madrugadas de muitos coitos
e se resolve no dia 23 de maio de 1991.
E aí sim a manhã dele foi a manhã do mundo.

Portal

Um fugiu para dentro
para se fechar.
Outro o impediu
de passar a chave.
A força física
do primeiro era maior.
A força moral
do segundo se equiparava.
A cena foi repetida
para ver se era mais eficiente
a performance dos atores.

O lugar era o mesmo
ladrilhado.
Só diferiam
as duas cenas nas falas:
na primeira versão
o xingamento foi pesado
inesquecível
para os dois infelizes.
E a chance de retratar-se
de quem fugiu para dentro
não foi proferida.

Na repetição
a performance foi medíocre
uma farsa
de nada adiantou
esboçar uma discussão
e não foram os dois
às vias de fato
nem houve xingamento
como talvez fosse preciso
para dar verossimilhança
à chanchada.

Dois homens

Perdi alguns dos melhores anos
do seu crescimento e você perdeu
os da minha maturidade.
Foi doloroso. Quem sabe
se agora conseguimos sair
do nosso confronto e contraste?
Um pouco pelo menos, pois faz
parte do jogo esse entrechoque:
a raiva monossilábica de um
a gagueira do outro podem
melhorar as falas que nos travam
impedindo a troca livre de palavras
as frases com sujeito e predicado
objeto direto ou indireto, oração
completa para uma análise sintática
sem desconfianças e má-criações
nesse momento quando você cresce
por dentro e eu declino por fora.

Aguardo

22:37

Quando sai penso que pode
não voltar: corro à janela
para manter na memória
da retina sua possível
última imagem sem despedida.

00:32

Sua roupa, seu sapato
o andar o distancia
de mim quando a noite
aumenta o seu negrume
dentro da minha espera.

03:16

De madrugada o relógio
com ponteiros de agudos vai andando.
Durmo entrecortado: olhos fechados
ouvidos abertos para ver o ruído da chave
de quem volta, de quem me salva.

03:50

Ou usando outro
recurso, silencioso
um cartão sempre o mesmo
jogado no chão
com o aviso da chegada.

Sentido

Os anos restantes cabem
nos dedos de duas mãos?
Cumpre caminhar adiante
sem poder parar
ou voltar, condenado
pelo andamento da natureza
dos dias iguais no tempo
estabelecidos há muito
pela ordem unida dos passos.

Se a vida é assim
existirá alguma coisa
a ser feita nesse corredor
que se encurta paulatino?
O risco de vida prossegue
ou a linha perde o sobressalto
e vai se alinhando invariável?
A paisagem ainda vale ou
já está vencida e vista
se desconfio que tudo
está na fase do adeus
de despedida mesmo
ao entardecer obrigatório?

A dúvida não tem cabimento
num elo prestes a se partir
nessa fila infindável
e salteada se recompondo
num instante, no segundo
seguinte ou outro, sem solução
de continuidade, suicidado
se desde nascente ou tardio
sentia e sabia do seu destino.

Escalada

Escrever e trepar
são sinônimos sem registro
na gramática.
Ambos levantam a cabeça
e nos fazem subir
qualquer montanha
por mais áspero que seja
a princípio o esforço.
Pode ser domada
entre arranhões
na página sem pauta
sendo lavrada
linha por linha
esculpida por unhas
e grafite + degraus
de pedras, pouco
a pouco, sendo cobertos
por lances de grama
e cascalho, conforme
a disposição dos dias
e da mão que agarra
na separata rabiscada
o relevo das letras
descrevendo, lambendo
a conquista e altura

conseguida, conquistada
na delícia do ponto final.

Descaso

Sou o seu desejo
e vice-versa.
Mas se houver senão
as pedras se movem
no jogo e não se encontram:
não há faísca
o sol se afasta
e só o frio do minério
cerca cada uma — seca
sem a língua do líquen
e se formam
distantes, diante
uma da outra
sem linguagem.

Os mortos-vivos

As fotografias instantâneas por natureza
mesmo dos que ainda vivem
parecem ser de pessoas já mortas.
Estão fora deste tempo
e dentro do tempo passado.
E nós cada vez mais velhos
quando as olhamos de passagem
na frente do aparador.

Em casa

> *A moda tem um faro para o atual, onde quer que*
> *ele esteja na folhagem do antigamente. Ela é um*
> *salto de tigre em direção ao passado.*
> Walter Benjamin

I

A porta do velho armário aberto
grasna igual a um animal espremido.
Camisas, calças, enxovalhadas
pelo uso, pelo tempo, antigas.
Algumas me lembram passagens:
por uma festa, por um dentista
por um passeio, por uma missa
por um enterro, por um determinado
dia no trabalho, por outros eventos.
Ao fechar o armário de roupa, o espelho
da porta o de dentro e o de fora
me encaram por um segundo ou dois
antes do rangido da fechadura:
a moda é o modo da morte.

II

Arrumar o armário
também é arrumar a cabeça
e ao mesmo tempo os vários
tempos ali guardados.
Exercício da lembrança
sacrificando coisas
quando doadas para um destino
inferior ou jogadas num canto.
Elas aceitam humildes, viram lixo
com algum arremedo de lágrimas.
Umas serão esquecidas, outras
não: se acomodam, se escondem
se perdem na memória empoeirada
que ficou no resto da vida
até a próxima limpeza daqui a anos
feita por mãos diferentes e iguais
na ação e sentindo a mesma pena
hesitante: um misto de satisfação e dúvida.

III

Os sapatos pela lógica
saíram primeiro:
os rigorosamente pisados
lembravam a época
e certos caminhos
e os fora de uso seminovos

esquecidos por alguma razão
nos cantos dos armários.
Depois as roupas que se
apertaram despedindo-se
várias vezes vestidas
e despidas para lavagem
do passeio, do médico, do gozo.
Agora, o mais difícil:
os livros que lembram
os filhos, de diferentes tomos
há muito lidos e sabidos
e outros não, nem abertos
à faca ou os com os dedos
marcados pelos anos
sem sinal digital, de lápis
não dizendo muito e indo embora
doados a outras mãos e amores.

O dia do cão feroz

O poema agora impresso
foi feito a partir das cicatrizes
dos rascunhos que estão aqui
perto da página imaculada.
Quem o escreveu sabe o quanto
foi preciso ferir-se a cada
palavra e se não dá a ver
o dito em caligrafia má
— somente o bastidor e o suporte —
resta rasgar o rascunho com raiva.

Desvão

Casacabeça vazia.
O pensamento não rabisca nada.
A ponta do lápis quebrou.
E o escrito aqui, agora
é secreção somente
do que quis ser e não foi
nem ficou corpo adentro
tentando significar depois.

Escrever e escalar

O sonho tem a rugosidade
das montanhas com as quais
sonha: o súbito levantar-se
relembra imagens abruptas
sem ligação aparente, o abismo
escavado por mão nua
abrindo outra folha do cenário
onde uma árvore se esgalha
estala e gargalha perto do céu
desnorteado pela mudez da pedra.

Andar

Caminhar sem propósito
finalidade, à toa, ao léu
com sua sombra, somente
faz o pensamento
divagar no seu próprio vento
e só parar se pintar o ar
de um poema imprevisto
nas linhas fugidias necessárias
sem refluxos fixadas logo
antes do esquecimento.
Prosseguir depois
na rua livre de perdas
que continua caminhando.

Atrás da mãe

Ia ao seu exílio a pé
de tênis preto, último tipo.
Confinada na casa geriátrica
para maior conforto da família
que lhe virou as costas
para melhor viver sem o peso
da sua presença intensa:
ela dizia em alto e bom som
que tinha casa!

Tantos anos depois sem ter podido
recauchutá-la, sem esperança
de perdão, recauchuto o tênis
que me levava, andarilho
para a doída visita semanal.

Quase não nos falávamos
no quarto montado
com sua cômoda e mesa
para familiarizar o ambiente.
Ela sabia ser uma farsa.
Enquanto eu deitava em sua
cama de hospital, cansado
ela me olhava alerta e viva
meiga e má, da sua poltrona.

A olho nu

O espelho não é mais
de pele fina, viva.
É de carne machucada
ferida a cada aparição.
E por mais que a vista
não enxergue tão bem
as manchas são cada vez
maiores, iniludíveis, não
dando chance nem se
forem olhadas de passagem
sem meditação
no relance diário.

Mãos

As do boxeur, do escritor
do pianista, do pintor
do escultor, do pedreiro
entre outras, se parecem.
Têm toques leves e fortes.
Só um par usa luvas
para proteger a nudez
dos golpes duros, ossudos.
As outras contam com a ajuda
das mediações, dos dedos
do pincel, teclado, caneta, martelo.

Um em dois

Me despeço do meu corpo
aos poucos. O outro, de mim
do mesmo modo. Nem sequer
apertamos as mãos apesar
da longa e nua intimidade.

Nos despedimos assim
sem nos tocar, estranhos
dia mais dia e a separação
foi se abrindo. De quem
é a culpa? De ninguém?

E agora o que nos interliga
é a dor nos confundindo
crua e bruta, tão comum
a nós dois, reunidos
sem remédio nem perdão.

Morar

Seria melhor se não
houvesse volta.
Ou sentiria falta apesar
do prazer da casa vazia
da casa quieta sem ir e vir
dos passos do entra e sai
das outras vontades?

Teria medo do dia avançando
sem ninguém para olhar
nos olhos (nem precisaria
falar) tocar de leve
a pele ao lado, mesmo
sem querer, e se morrer
começar a apodrecer sozinho?

Em claro

Indormido. Não sonolento.
Por dentro o ramerrão
que não sossega dormente
o sono preso no sonífero
funcionando ao contrário.
Sensação de roupa ao avesso
de sapatos de número menor
durante todo o dia
de tiro pela culatra.

Em guarda o cão feroz
reforça o portão, aperta
mais os ferrolhos, morde
a família, o filho único
de há muito enferrujado
sem ideia de Caim, a garra
em lugar nenhum e se afoga
sem luta no crespo mar
sem cabelos nos quais se agarre.

Um dia atrás do outro

O corpo prepara a morte
à revelia de quem vive
preso na sua cápsula —
tenra, terna, terrível terra —
e vai
se degradando no escuro da nudez:
picada infantil de alfinete
a princípio, cólica de cobra
desenrolando-se a um dedo
da ponta da caneta
que lista na peça de carne
seus males irremediáveis
em crescendo — rascunho
no suporte sem pauta e revisão
acumulada a cada dia
sem se passar a limpo.

Vida

Edifício treme-treme
corredor com muitas portas
para entrar, sair e andares.
Assim como janelas
para ver a vista
ou se atirar através.
Depende do dia, da hora
da intenção da intimidade.
Ou então ir abrindo portas
derrubando-as se for o caso
uma atrás da outra para viver
nos ambientes variados
por um tempo até chegar
à última (ou assim parece)
e cair na armadilha
de não poder sair nem se atirar
do quarto trancado.

Perna em andamento

A suave perna sai
da meia de náilon
e nua se mostra
à minha mocidade.

Anos depois sua nudez
aparece, cotidiana
na minissaia que para
em cima do desejo.

Hoje alcançamos
sem forçar a vista
sem precisar espiar
pela fechadura a virilha

frontal a um palmo
da língua, na praia
no verão ou fora dele
a perna sem interrupção.

Pleno verão

Pudor e flexibilidade.
Sentada com as pernas
cruzadas na horizontal
na beira do paredão
falando no celular
entretida e tenra.

Para o mar embaixo
não basta lamber
as pedras e o paredão.
Quer chegar em cima
onde a linha de pele e pelo
se deixa entrever, entre.

Desordem

Copos largados pelos quatro cantos da casa.
Nenhum vazio, esgotado. Não houve sede bastante
pois faltou deserto e exercício; houve abandono.
Cada um tem seu nível de água marcando o limite
de quem bebeu e deixou o resto, morno, babado
e tem medo do próprio nojo, no meio da mesa
no braço do sofá, no peitoril, na pilha de livros
nas cadeiras descadeiradas, inacabados.

Suicidada

À revelia, inconsciente, em sonho
também em vigília determinada
o trampolim foi sendo feito.

O seu metro se esticava
na altura letal, vertiginosa
no comprimento da sua vida.

Lá embaixo não havia
ilusão de água descomedida de mar
nem domesticada de piscina.

Não havia nada a não ser
livre queda sem fim
já que a pedra do chão

só existe no fundo falso
da existência parando porque
a página escrita de origem acabou.

Dados da casa velha

O jardim murcha
a olhos vistos.
Plantas agonizantes
pisadas sem cor e perfume.
A terra dura, campa
vai rachando, abrindo
estrias: falta água
afeto, atenção, cuidados
simples que não foram feitos
refletem do lado de fora
o espírito da casa por dentro
onde as pratas escurecem.

Vida e morte literária

A crítica de estimação
põe a coleira no pescoço
do literato e mostra a pérola
aos porcos — digo — aos outros
que só comem ostras podres.

O literato tira do livro
a tiragem de um exemplar
para a crítica de estimação
sem correr o risco de os olhos
de traça roerem a recepção.

O literato vira-lata se deixa
adotar mas em vez de aliança
algema a mão da crítica e exige
resenha automática e pontual
antes, durante e depois.

E assim vão os dois, fiéis
até a morte mútua, condenados
às suas fidelidades férreas
limitantes, presos um
pelo outro na estimação.

À noite

Trancar a porta completa
dando todas as voltas
possíveis dentro do buraco
da fechadura e a lingueta
não mais estala no vaivém
no movimento do dia
não diz mais nada
de quem chegou ou se foi
e a chave se perde
no molho escuro do chaveiro.

Acordar

O pavor de perder
aparece logo cedo
quando o dia começa
a desfazer-se pela manhã
escapando da amostra
paralítica da noite.

Os óculos não estão
na mesa de cabeceira
nem o copo d'água
tampouco o despertador
o molho de chaves perdido
de uma vez, onde?

O cabide vazio da camisa
vazia, a casa antes controlada
é tomada pela aflição
procurando na memória gasta
a saída e a entrada esquadrinhando-se
lugar por lugar, dentro e fora de si.

As horas avançam.
A luz do sol começa de novo
a ser fatiada pelas venezianas.
A manta noturna não mexe.

As dobras, rugas, imóveis
passadas pela noite se mantêm
assim desde o começo do sono.
Tarde adentro a porta
fechada à chave é arrombada.

Virgindade

Como descansar se meu
corpo não dá folga
não relaxa, não desamarra
e o medo dorme no meio de mim?
Corpo terrível não me deixa
parar de sentir
e andar na beira da vida
que já experimentou de tudo
desde o começo do seu tempo
e só é virgem de morte?

O amor começa

Na praia atopetada do verão
mal a conhecia mas a sentia
caminhando vinda do horizonte
à beira-mar, descalça.
O biquíni minimini ajudava
o sentimento e a primeira
intimidade já profunda
foi escolhê-la para guardar
no meio do pessoal
e do provável arrastão
minha mochila junto
a sua bolsa de pano verde.

Cristina

Me dê só dois palmos do seu sono
para que eu sonhe com você.
Com o que gosta — balé
albertine disparue, beatles, buarque
et cetera — e se mais não digo
é por esconder o segredo encantador
e eu o descubro na minha cama
me calo para guardar o que você
canta bem baixinho ou lê
depois do amor se refazer.

Até o fim de um

Não vai dar mais tempo
para separação por vontade própria.
A vida vai nos separar
quando parar em um ou noutro
o seu sopro, o seu corpo morto.

Desânimo

Não tenho o ciúme esperado
mas o de outro tom.
O ciúme me matando
é da sua natureza
de contar muitos dias além.
Não conseguirei emparelhar
sentir sua fragrância de perto
encadeada por meu cheiro.
Por mais que aperte o passo
não vou alcançá-la
e o amor que pensava possível
vira inveja dolorida
puro rancor fatal.

Cri ar

Brigo com o que você tem de meu.
Obrigo-me a continuar-me, meio
a meio, cara metade de ambos
iguais, uma à outra, nua e una
indivisível se vista bem de perto
se refazendo do encontro do dia
a dia, do esbarrão, da barra
de viver sob o mesmo teto de vidro:
raivamor na mesma máscara
no mesmo espelho com tamanha
força há tanto tempo, há anos.

Mudança do quarto

Houve amor, rumor
arrastado no largo
espaço da noite, ranger
da madeira da cama
relógio na cabeceira
sem hora determinada
marca do bordado
do lençol, reproduzido
no corpo, travesseiros
fora do lugar, calcados
desfeita roupa no leito
e o silêncio do sono de hoje
quando não se ouve amor.

Casa descasa

> *Justifico-me: amor nenhum dispensa uma gota de ácido.*
>
> CDA

Não gostamos mais de nós
como gostávamos antes?
Nos separamos lentos
através dos anos ou num dia?

Nos soltamos sem sentir
e os laços se esgarçavam
fibra por fibra e os cordões
esfiapados aguentariam mais?

Não houve dor então
porque se romperam devagar
ou pelo contrário, de uma vez só
num minuto de um não relógio?

Nunca saberemos se o nó
apertou demais nossos corpos
ou desatou a amarração logo
para nos perder ou salvar?

E ainda não demos conta
se estamos distantes por dentro
e próximos por fora, viciados
mas esperando uma volta.

Em busca da memória perdida

Cada vez mais esqueço.
Me esqueço.
Vou sendo feito de lacunas.
Cri é que me lembra
e não me deixa quebrar.
Talvez porque seja inesquecível.
Apesar de toda a discordância
o amor mantém mesmo na briga
seu belo colorido de contrastes.

Perdição

A palavra falha, esquecida
na ponta da língua e o que foi pensado
desaparece na caverna da cabeça.

Se busca recuperar, não só ela
mas a frase, a trilha do significado
a cognição interrompida por lapsos.

Repentina a vida se esvazia
a continuidade esgarçada
custa a não se perder de vez ainda.

Distantes

Busco os rostos dos pais
cada vez mais longínquos.
Peço socorro aos retratos.
A lembrança imóvel só recupera
num relance único a força das expressões.
Não posso ouvir os fios das vozes
nem sentir a água-de-colônia da mãe
e a mão definitiva do pai no ombro.
Tudo parado cara a cara na mesa:
eles de um lado da memória
eu do outro sem aproximação
para dar um abraço, um beijo de adeus.

Passagem

Escrevendo contra a morte.
Para adiá-la o máximo que puder.
Enchendo folhas e folhas com letra
cada vez mais miúda e varrendo
a poeira das vírgulas desnecessárias.

Escrever me imprime na página
e a letra diminuta faz com que
eu poupe a folha, seu viço, verão
e a estação seguinte custe a chegar.

Não posso cuidar de tudo.
Escritório e jardim são demasiados.
A tinta da caneta pode secar e a água
idem no susto inesperadas
e a página acabe antes de acabar.

Longa morte

Há morte de todos os tipos:
furo de bala perdida
e câncer surpreendente.
Semelhantes no ataque de surpresa
diferentes na velocidade de origem
e no ponto de partida externo e interno.

De carro, coração, avião
acaso, roubada, fulminante.
Mas pode também vir
vagarosa, pé ante pé
tal qual uma verruma
meditativa, pessoal
irredutivelmente penetrante.

E ainda há as que parecem não ocorrer
no tecido do sono — mortalha
sem rasgão —
de sonho nenhum, nem sabe
se está morrendo
amordaçando quem dorme.

Voragem

O corpo não esquece
mesmo quando se confunde.
Arquivo de uma só gaveta
onde são guardados
afetos e agravos.

A chave foi engolida
e as forças engavetadas
não conseguem arrumar
o fichário se pôr em ordem.
Lutam sem parar
embaralhadas para

se arrumarem mas
não há alinhamento
onomástico, imagético
etc. inexistem no lugar certo
no mix da memória.

Não sei

1

Uma perfeição sem emenda
sabe? Nenhuma costura à vista.
Nulo, nada, hein? Isso aqui
é veia só, veia do medo, sangue
represado querendo passar depressa.
Não, não dói nem quando toca.
Sou malvisto pela noite? Costumo ser.
Começa à tardinha o medo escuro.
Vai escurecendo, não é? Sim.
É puro pensamento sujo que
interrompido não lembra
de coisa alguma. Falha, esquece.
A cada minuto se inflama assim.
Apenas uma veia grossa ou é um
ramal? Fale mais alto! Fure o surdo.
Não escuto a pulsação, os pulos.
Nunca mais, neres, necas, névoa
deduzo com o giz no quadro-negro.

2

Descansar a lâmpada. Fecho.
O dia inteiro acesa inútil gasto.

Agora ninguém escuro somente.
Enfim. Quarto, toca, túmulo.
Não sei ainda não. Não provei.
Depende do chão: tábuas, tacos.
Terra seca desumedecida virou
ou cimento final, cinza
sobre futuras cinzas sem céu
nenhum para chover, chorar.
Passou a ferro não deixou vinco
não rachou nem estriou, não deixou
ninguém ver mais ninguém.
Pés, carros calcando os pneus
por cima mesmo em dia cheio
de parada, marcha, passeata.
Tudo é fervor aparecendo, zás!
A broca da raiz nova aponta.

De joelhos

A reza de um incréu
vale mais. Não é automática.
As palavras da oração são lembradas
com algum esforço e falhas. A reza
vai se formando devagar com maior
peso e meditação
não é decorada mas quem a soletra
no fundo é o coração orgânico
visceral puro músculo sem
outra intenção a não ser salvar-me: será?

Espero deitado

Não voo não vou.
Deus é tão intermitente
para minha percepção!
No entanto rezo seguro
com fé e unhas
a imagem da santa
que através dos anos acabou
perdendo as feições
gastas na minha mão noturna.
Assim ficou mais santo:
puro delineio cego
e boca desbotada
incapaz de sorriso alvar.
A fosforescência artificial
também se apagou lenta.

Começo de adeus

Imagens se perdem na memória
desaparecem e quando conseguem
retornar só as encontro falhadas
incompletas ou as vejo
com o binóculo ao contrário:
longínquas no fim do funil.

Sentimentos

A mãe era feita
de porcelana e lâmina.
O filho de algodão, atadura
e louça do dia a dia.
O pai de terno, faiança e estátua.
O convívio desses seres
ou entidades forma
a miscelânea de cada um.
Com os elementos citados
vão combinando
com esforço suas peças
que nunca se casam exatas
como deveriam e quebram
o que era esperado inteiro na vida.

Escuridão

A noite avança atropelando.
Lenta, felina, acompanhada
do seu miado fantasmático
que subitâneo se acelera guinchando
numa mistura de vômito, sexo
garra, força desabrida, breu
amarrado longe da manhã de lã
frenesi e fúria abespinhados.

A casa se atrapalha, acorda
desfeita: as frieiras dos degraus
aranha de poeira e pelo.
Baratas em staccato, a porta range
quase gargalha, estala o assoalho
pisado ou não, e a morte
experimental do sono volta
à sua mortalha silenciosa.

Em dúvida

Apresso o passo deste livro.
Corro contra o tempo ou o quero
devagar, página a página
bem escrita e pensada
mantendo-o na linha ou não?

Quem deve acabar primeiro?
Ele como desejo ou eu
que não quero terminá-lo
para continuar vivendo?

Quero o quanto antes
a fim de não ficar interrompido
por minha causa ou prosseguir
com a caligrafia da minha vida?

Não o quero imperfeito
nem a mim, mas é impossível
terminar qualquer coisa
e ainda mais acabarmos juntos
incompletos pois nunca é final.

Sem dúvida

Faltam quantas folhas afinal
para este livro cansar?
Cansará comigo ou cansarei
antes de elas cansarem?

Desejo que cansem logo
mas ao mesmo tempo
um é incansável
e o outro sabe, vai cansar.

O ano aonde quero chegar
o quanto antes é 2020.
Mas quanto mais rápido
vier menos vida terei.

O livro então sou eu
com quantas folhas tiver
acabando ou não
acabaremos juntos.

Condenado

Não vou poder contar até dez.
A vida não vai dar, não deixa.
Qual será o número certeiro?
"Numeral" sabe menos.
Mas posso calcular na dezena
quando ele vai parar: prefiro
não dizer apostando em segredo.
Escrito posso ficar com a cara no chão.

A morte é neutra
enquanto meus relógios
de carne e alma quebram
de surpresa ou não
no terrível ponteiro final.
Ele está perto, certeiro, escuto.
Segundo por segundo.
E a cada dia se aproxima.

Na velhice

O lenço no varal ao vento
dá adeus à paisagem ao acaso
                     a alguém
a alguns lá longe
que não me veem e não se lembram mais
                     me esqueceram
já estou sendo ninguém
para muita gente e para mim mesmo.

Questão de tempo

Não carrego mais o corpo
ele me leva, arrastado
à força, contra mim. Minha
sombra se aproxima mais
e me cobre palmo a palmo.

A luz apaga devagar ou de
uma vez — sem aviso —
com repente de pedra.
Num caso ou noutro o fim
é o mesmo — pregado no breu.

Fim

A princípio leve pele de luar
sujeita às nuvens do tempo
chegando lentas.
E a lisura sem mácula
vai se futicando
sob o peso das manchas
de variados marrons e negros.

Nada a fazer a não ser
esperar que a noite escura
se complete e nenhuma
luz cubra essa parte
do Mapa-Múndi aberto
onde eu me encontro
com o final do céu.

Viagem e testamento

Todo o meu dinheiro
é para esta viagem cega.
Não poupem um níquel.
Quero tudo de primeira
mas sem adornos.
A morte não tem preço
predeterminado
pode até ser de graça
fulminante nos lençóis
ou gastar tudo o que tenho
em camas provisórias.
Diante da Inevitável
me encerro e me despeço.
Estou de saída.
Está na hora.
Amanhã é feriado
ou ferido?
Estou entre o abraço
e o adeus sem aceno.

Sucata

sobre uma foto de Sergio Liuzzi

Entre ser e não ser
ser de ferro-velho.
Sem o meio-termo da alma.
Com o cinza-chumbo
do espírito.
Tendo como luz o azinhavre.
Como sol a ferrugem.
Fora de uso do destino.
Detido na espera na corrosão.
Chapa, cheiro curto, plúmbeo.
Durmo retorcido para esquecer-me.
Espero o expresso da próxima dor
passar sobre os trilhos
do meu corpo enfarado
depois de uma vida chegando à estação.
Hálito escuro de garagem.
Ex-máquina isenta de Deus.
Alquebrado bric-à-brac.
Leminskiano inutensílio.
Ofícios sem
a irritação da oficina.
Mix de matéria
e sombra feroz.
A ferros.

Anagrama oculto

O medo corta dia por dia
o pedaço da peça de luz
que se esticou ao máximo.

Até chegar ao fim escuro
à capa de retalho do demo
de uma vez só ou não.

Ponto parágrafo

O fim infinito pode
iniciar-se assim:
entre quatro paredes
a casa vazia de móveis
de vestígios de passos no chão.

Ficou a marca
do lugar da cômoda
da mesa encostada
o canto da escrivaninha
etc. do retângulo do tapete

que cobriu o assoalho
e na reta do corredor
a trilha deixada pelo carpete
para sinalizar
o caminho da saída.

Curso

A vida não tem cura.
Desde o primeiro berreiro
ao suspiro que encerra
em silêncio a existência.

Entre um ponto e outro
procura o equilíbrio
no fio estendido
pelo acaso do destino
mas não se salva e cai.

Sem parar a queda, querendo
ou não, vai sem voo
ao suicídio intencional
ou ao instintivo fim.

Fim do fim

1

Estou indo embora.
Os fardos do acervo
pacotes em caixas
de papelão foram
lacrados um por um
por largas fitas durex
rasgadas, gemendo
amordaçadas dentro
do furgão irrespirável.
Nem dei adeus, acenos.
Mas por dentro o coração
batia de encontro ao metal
esmaltado rua afora.

2

Estou de mudança.
Fardo para uns
acervo para outros
vão deixando
a casa esvaziada.

Armários de toda
espécie e tamanho
prateleiras desdentadas
livros pelo chão
tapetes enrolados

Caixas de papelão novas
abarrotadas regurgitam.
Papéis, pastas, blocos
agendas, revistas, a vida
resumida — armazenada.

Relatório

Esta morte a princípio anônima
como as outras ganhou nome
e a partir dos últimos dez anos
registro gradativo de medo e dor
no diário do corpo, gastando
a caligrafia minúscula, interna.

Chegando rasurada ainda assim
nas últimas folhas se conseguiu ler
e operar a tempo na primeira
ou última linha vazia
com letra e lição diferentes, salvadoras
nas páginas restantes do caderno
o que vem sobrando de sobrevida
antes do instante da anestesia eterna.

Operação 77

Meu coração deitado
como aquele que o computador faz
com um algarismo, um sinal
mexido por mãos enluvadas e ferros nus
com pretensão do tempo
de adiar o tempo fatal
com o punho blindado, o pulso
será possível minimizar a ferrugem?

Salvou minha vida
mas mostrou minha morte
sem literatura, paralisada
sem poder dar o bote enquanto
o sangue circulava extracorpóreo.
Passava a limpo o que era possível
vascularizando o corpo afora — sobrevida
adiando o consumido por mim mesmo.

2020

Nessa década, não saberei contar
como contei em todas as outras
sem medo de ser interrompido.
Às vezes um pensamento ou outro
poderia hesitar mas logo a contagem
dos dias continuava e ia para frente
incalculado, desconhecendo que a vida
encurtava não progredia ou então
progredia num misto de progresso
e fracasso, do tempo irremediável
passando de pé atrás com ruídos
feitos também de silêncios cruzando
o final e a fatalidade da existência.

EM PAPEL JORNAL

Dias dolorosos

*Escrito a partir do poema de Laura Liuzzi
"Ressaca de 17 de abril de 2016".*

Seu poema me livrou
da cama presa nas costas
durante todo o dia: pregado.
Seu poema fez minha cama
paralítica ficar para trás.
Era a cama suja de ontem.
Seu poema me acordou
do sono desacordado
de acordo com o pesadelo.
Seu poema me levantou
e levanta muitos
que têm a sorte de lê-lo.
Seu poema sendo só seu
inimitável — é de todos nós
dias adiante.

Diadilma, caio com ela
cada vez mais fundo:
31 de agosto de 2016.
Ela cai em pé, altiva.
Sem temer.
E a classe média bate panelas.

Em geral, são meias madames
ou falsas peruas integrais et caterva.
Mas quem lava a panelada
depois da efusão dos gritos?

Em sequência a vida segue:
tem medo do trampolim
de cada dia. Ele se encurta
em cima do lago charco
brasílico, o distante
azul desmaiado, fingido
sem nada de limpo e liso
e sim de lodo emplastrado
onde só um rato sujo sente
e sabe o que é ser — temer.

Luiz Inácio Lula da Silva

Luiz Inácio da Silva, vulgo Lula
foi preso por ter erguido
multidões, escolas, acendido luzes
Minha Casa Minha Vida
Bolsa Família, cisternas
para matar a sede da seca.

Luiz Inácio da Silva, vulgo Lula
foi preso por ideologia e por atos
e cuidados que atenderam
a saúde com o Mais Médicos
e o Enem na educação, enquanto
seus opositores o combatiam.

Luiz Inácio da Silva, vulgo Lula
mesmo atrás das grades, muros
continuará crescendo, no sonho
e no chão, onde nascem suas
sementes espalhadas pelo Brasil.

Para Marielle presente

Quatro balas
despedaçaram a cabeça
de Marielle.
Despedaçaram sua beleza
mas o seu pensamento
tão belo quanto
ficou íntegro na sua voz
firme e valorosa.

Não estamos de luto.
Estamos de sangue tombado
como disse o padre
ao encomendar o corpo.
Mantemos a esperança
de que o filho de Anderson
o motorista que foi com Marielle
encontre um Brasil melhor.

28 de outubro de 2018

O Mito Mitômano e o falso
verão forçam a porta
da primavera e a atravessam
antes do tempo e vão crestando
as flores, a esperança, a torturustra
pisando na grama, aumentando
as besteiras de vários ministros
as maldades de policiais e milícias
e o sol animal assassino
em forma de serras elétricas douradas
vendidos a granel, "flexibilizadas"
chegam para queimar, desmatar
abater árvores em sequência
para pôr em ação o ogro negócio
desfazendo o outono em fogaréu
e vão ao inferno de quatro
pelos anos seguidos para matar.

1, 2, 3

No dia primeiro o algarismo
cai, se perde. Nos seguintes, idem
ibidem, por causa de toda a brutalidade
do não saber vão se suicidando
em desacertos alinhados
em burrice e maldade extremas.
Até tentam a tempo em vão
se corrigir mas não conseguem.
O que fica são os três zeros do trio.

Rio, 30 de junho de 2017

para Arthur e sua mãe

Nenhuma bala é perdida.
Todas alcançam o alvo
mais imprevisto — útero
escudo, esconderijo escuro
onde uma criança cresce
e é atingida através da mãe
e a salva, desviando o tiro
com o início da sua vida
que resiste ainda por uns dias.

Em 7 de abril de 2019

Basta uma bala.
As oitenta ou mais
quem sabe?
Não são perdidas
acertam os alvos
ontem, hoje, amanhã
péssimas, têm a mesma
marca que matou
Evaldo dos Santos Rosa
que ia para um chá de bebê
e o exército se exercitava.

Rio

Só podia ser de ágata
de ferro e de esmalte
como todos os demais.
Colegas, amiga de tantas
outras e outros — meninas
meninos — que são perfurados.
Nenhuma bala é perdida.
Através dos dias são certeiras.
Não erram nunca ninguém:
os que matam e morrem.

Diário

A bandeira do Brasil
pintada na parede
frontal da casa.
Já está velha, desbotada:
o motivo era saudar
com gritaria e foguetes
o evento de uma antiga Copa
do Mundo perdida em silêncio.

Agora está morrendo
toda furada pelas
saraivadas de balas
de polícias e traficas
de origem idêntica
que acertam sem erro
o alvo das casas
da cidade inteira.

Ao Deus dará

1

Os sem-teto, sem-céu, sem-paredes
têm como cama a calçada dura
forrada por um pedaço de papelão.
Dormem no dia afora, na noite adentro
embrulhados num cheiro animal
de suor, urina, fezes, álcool.
Dormem à vista de todos
que procuram não olhar
as pernas feridas e cremosas de alguns.
Sem querer nem saber os passantes
se revezam; alguns velam e os protegem
até quando eles acordam buscando comida
nos restos jogados fora ou oferecidos.
Parecem ser todos filhos únicos
de pai e mãe desaparecidos.

2

Troco de calçada
ao ver o mal que cimenta
aqui: nenhuma flor
drummondiana consegue
surgir rente ao meio-fio
empedrado e seco.

Nenhuma flor, nada
se levanta, cresce — o sol
cresta o cinza-chumbo
rachado em estrias
das raízes mortas
ressecadas, cheias de nós.

Atravesso. Ao chegar
do outro lado vejo
que o chão repete
o outro, em acidente
mais doloroso: mulheres
homens, crianças

se empilham, sujos
engalfinhados
sem esperança e caminho
ilhados à beira-mar
entre cachorros doentes
e o lixo dos outros.

No meio da rua, velozes
os pedais do dia, esqueléticas
bicicletas, ônibus emburrados
carros furando sinais
fazendo cavalos de pau
o atropelo, o desastre
e a fuga cega insensível!

3

E depois, dar quanto a quem?
Dar o quê? Resto de comida?
Cobertor velho? A mão no bolso
hesitante na esmola calculando?
Ou quem finge distração
passa reto na calçada imunda
no canto metal incessante
da cigarra furando o verão
onde se dorme, onde se mora
onde se pode morrer e não.
Não dá nada se desculpando
mentindo ou fazendo de conta
e passa se confundindo, sucinto
como no poema de Alvim
sem remorso, compunção
e passa querendo não ver
ou ver com o rabo do olho
e tenta esquecer a culpa
e acaba esquecendo mesmo
mas no fim do dia, à noite
de banho tomado, cama limpa
me lembro sem querer.

Nos dias de hoje

O céu de decidido azul
não basta para amenizar
o dia e seu colar de balas
em volta de quem passa.
Nada esmorece a saraivada
de fogo, fúria, assalto e morte.
O mar translúcido mostra
um punhado de corpos mortos.
O dia espetacular abre
cada ferida com mais
precisão em quem se arrisca
atraído pelo esplendor
prometendo paz e pássaros
nas árvores do chão raivoso
e entre "floresta e escola"
os índios sofrem sem poder
usufruir das suas folhas respectivas.

Valongo

As pedras no chão aqui
são o fundo do mar de outrora
há muitos anos enxugado.

Hoje ao redor rampas
de cimento cinza em zigue-zague
reproduzem estilizadas

como era antes o lugar
onde nas ondas de ontem
os negros passavam

e a princesa pisava.

No ex-Museu Nacional

Não há mais, são cinzas, ruínas, meteorito intacto
mas o lugar, as marcas da lembrança estão lá
e vão custar a ser esquecidas no campo aberto.
xxxxxxxxxxxxxxxxxxxxxxxxxxxxx
Não sei de onde vieram, por onde passaram
por quais terras, mares, ares e céus
o seu primeiro dia real de origem, o par
Luzia e Kherima, sempre além/aquém
de qualquer relógio, paradas e andantes, mas sei
o dia final da estátua viva e a recuperação em cacos de
                                                   [Luzia.
xxxxxxxxxxxxxxxxxxxxxxxxxxxxx
Me lembro de mim com medo de entrar
em suas salas, pois diziam que davam azar.
De vê-las tão sós, uma com sua réplica
outra deitada em decúbito dorsal
e sentir seus hálitos de antiperfumes.
E agora Kherima queimada até o fim perdendo a
                                               [eternidade.
xxxxxxxxxxxxxxxxxxxxxxxxxxxxx
O que fica é tudo e nada; é a memória de todos
o marco pelo tempo afora como disse
Eduardo Viveiros de Castro: "seu *memento mori*".

Muzema

Edifícios encostados um
no outro tentam se equilibrar.
Mas as cartas ensebadas
dos seus baralhos não aguentam
e caem suas paredes embaralhadas:
barulhos iguais de uma mesma ruína.
Gota a gota as muitas lágrimas
pelos que morreram não são
góticas como as da Notre-Dame.

Finalidade

Sou bicho crepuscular andando para o escuro.
Não há alternativa. Contento-me
com os lances de luzes morrendo um por um
ainda ao alcance da minha vista.
Temo que de um dia para o outro as faces
fugazes se apaguem sem aviso, talvez lentas
piscando os olhos entre dor, fuga
desastres na calçada, no breu do asfalto
o mar de carros parado
a céu aberto, balas perdidas e certeiras ou dentro
do cheiro hermético e neutro de uma cama estranha
não a minha; é a de todo mundo, de aluguel
articulada no quarto insípido ou tornado insípido.

Anticristos

Vira o rosto à direita
a face bruta sem comentar
nada sobre a barbárie.
Sobre a tortura vinda de longe.
Vira o rosto para não ver nada.
Para não saber sobre o estupro
estúpido sofrido por alguém com 16 anos.
Para não ver os corpos violentos
de 33 homens somados, juntos
na sordidez que dura e dói
o corpo crucifixado
na folha de jornal no chão da rua.

Meu Brasil brasileiro

Quase a cada dia
a cada página
o Brasil esboroa.
Não apenas em Mariana
e Brumadinho, esboroa
nos costumes, no edifício Liberdade
no centro da cidade
no cimo dos morros
nas casas mambembes
nas memórias de nós todos
esquecidas nas folhas de jornal de ontem.

Jogo de azar

Já fui forçado
a jogar o dado
mas não aposto
em nenhum número
das suas faces.
Preferia o impossível.
Um dado parado no tempo
sem numeração nenhuma.

Reza/azar

Se há Deus, a mão dele —
uma — salva e a outra mata?
Ou será do Outro, má
miliciana, que parece
ganhar mais vezes
na queda de braço
durante a vida?

ROSA ROSA ROSAM ROSÆ ROSÆ ROSA
(Dessas rosas muita rosa
Terá morrido em botão…)
Manuel Bandeira

ESBOÇO DE ROSA

A primeira tentativa de ser rosa
não cumpriu seu desenho
nem seu aroma discreto e concentrado.
Será que Nelson Cavaquinho
teve razão ao cantar que
"o espinho não machuca a flor"?

O COMEÇO DA ROSA

Rosa que é rosa só se dá se desfolhada
sem entregar nem num átimo
o enigma da cor, do aroma
do florescer longe dos olhos
mas perto da percepção, lento, súbito
não se deixando flagrar em nenhum modo
e estalar muda no espetáculo das pétalas.

O MOTIVO DA ROSA

A rosa é repetitiva, sequencial
como sentencia Stein
na engrenagem da primeira declinação.
Uma, única, úmida, cada uma
saindo de dentro da outra.
Seu sistema é o mesmo da onda
sem sonoplastia e dentro
de outra medida do tempo.

A cor da sua luz própria
acorda, põe em movimento
o aroma entrecortado desde
o princípio até uma mudança
de ritmo, de rumo, de recuo
e se despetala muda, inapelável.

A pétala se aperta
entre as páginas do livro
até seu perfume parar
marcando a passagem
escrita ou a lembrança
de alguém que passou
e não foi esquecido.

O botão duro, fechado
cabe inteiro na boca
fazendo as vezes de glande
ou mamilo, não tem gosto
nem odor a não ser, não sei
de um traço silvestre?

Ou pressinto a dor
de desabrochar
que não me é dado ver —
vermelho vivo vindo —
e a espera do espinho
por uma gota de sangue?

A MUTAÇÃO DA ROSA

Rosa que arma o aroma do amor
do seu perfume conciso
só perceptível de perto
das pétalas entreabertas
mas se usado em excesso
perverte sua fragrância
e quando em vermelho
deriva, mais forte ainda
para o veneno, sem necessidade
de lançar mão dos espinhos.

O perfume final da rosa

Cai a pétala e o resto
do aroma fica de cor
no ar, caem as rosas
como se fossem únicas
todas por uma — rosebud.

NUMERAL

178

Perdidos os óculos, o rosto
mal se vê e não se enxerga
mau, com a vileza encardida
da velhice que chegou de vez.
Como achá-los sem eles
se não há ninguém ao redor?
Se o próximo é quase invisível?
Melhor seria então cegar-se?

19 I 2013

179

Mármore fora de hora
orquídeas monótonas
átonas, à tona, atônitas*
se querem eternas como
os anjos arregalados
brotando borbulhantes
pelas paredes frias.
A dicção nobre faz força
mas não diz mais nada.
Palavras aliteradas na página
perdem o brilho mesmo polidas:
enferrujam, rugas irremediáveis
se aprontam, sombrias.

Precisam matar um pouco do que fui
sou, para não morrer.

*V. "Morandi". In: *Máquina de escrever*. Rio de Janeiro: Ed. Nova
Fronteira, 2003, p. 136.

15 II 2013

180

O poema não prepara o papel
a sua gramatura para receber
a ode, a elegia, o épico, o soneto
de Petrarca, o verso medido, o livre!
O papel do poema é o de embrulho:
neutro, qualquer, fino ou grosso
absorve o que transparece
sem desembrulhar na superfície.
Guarda amarrado dentro
e leva para a entrega indecisa
a mancha suspeita de gordura
do suor da mão, da axila, do colo
da cor que vem de não sei onde
da marca do rasgo, do amarrotado.

12 III 2013

181

Feito de corte e colagem
ato falho, vide verso
correndo na entrelinha
de papel pautado ou não
o poema é mais subliminar
do que sublime.

20 III 2013

182

Custa encontrar a mão certa
a mão acertada para escrever
qualquer coisa quando se debruça
na beira do papel não pedindo
nenhum esforço grafiteiro.
Pode pedir ou sugerir que o transforme
numa gaivota sem compromisso
a não ser com o seu voo à toa.

24 IV 2013

183

A alvenaria da construção se equilibra
no invisível dos fios: duas ou três

linhas bem achadas ao acaso esticam-se
valem como vigas mestras — fundamentos
aguentando nas suas estudadas oscilações
o passar do tempo, o vento na primeira
planta prevista no papel, o que se quis
mostrar, dizer, escrever e levantar.

16 V 2013

184

A morte feito um raio
seja ele fenômeno atmosférico
ou força de expressão, não dando
espaço para despedida, pré-lágrimas
extrema-unção, sem acompanhamento
mão dada por alguém ou a alguém
sem direito nem sequer ao tão falado
mas pouco crível, por fantasioso
"retrospecto vertiginoso da vida"
como um trailer de um filme de Godard
será mais mansa ou será fera?

18 V 2013

185

Se arvore
em qualquer coisa.
Não sou dono do meu dia
estou sujeito — sou
trepidação ao atravessá-lo
desviante até a noite
chegar em mim e não saber
o que se levantou e caiu.
Se foi árvore
ou qualquer coisa.

27 V 2013

186

A editora acaba com o livro.
Fecha entre capas os cadernos
de folhas avulsas, fugidas
o pequeno papel de passagem
de tudo o que era meio vento:
livro castigado pelo uso
aberto leque de possíveis ou não
no entanto apesar dos aparatos
o instante franzido original ficou
na raiz do pensado e expresso.

19 VI 2013

187

Como usar, instalar no ato
de escrever a palavra reator?
O dispositivo que transforma
a tensão da rede em potência correta?
Qual lugar entre a fervura
do pensamento e a frieza da mão?
Qual forma terá para conter
contar o acumulado, o tangível
e o não e o inatingível também?
Será um outro tipo de corpo
que acobertará o primal até a sua
metamorfose ser concluída em um só?

      26 VI 2013

188

O que faço comigo? O quê? Por quê?
Aqui, em noite espessa e péssima?
O agravo do dia aumenta no escuro
sob a lente semicega deformante:
imagens, palavras crescendo entre
sonho, sono, vigília, feitas da mistura
desses estados discordantes, mantêm
a latência, a ameaça do rescaldo permanente
não apaga nem esquece a dor que ardeu.

      2 VII 2013

189

O homem do rascunho
mal-ajambrado soergue-se
esboça braços, três, quatro
até acertar um gesto
qualquer, disparatado.
Pernas tortas, tentativas
de pés que pisam.
Não calça as botas
significativas de Carlitos
ou de Van Gogh, bastante
para definir o ser inteiro.

1 VIII 2013

190

Você não usa o meu corpo como eu uso o seu.
Não interfere com afeto nem o fere com agravo.
Não o interrompe não investe nele
não me despe desesperada pela espera.

1 VIII 2013

191

No terror do rascunho
que não se resolve e assombra
o papel branco com sua mancha
avançando fora da pauta
o erro vinga e aumenta
o porte do fantasma gráfico
e a ferida da rasura escura
feita pela ponta da caneta ímpia
cravada no coração.

                              12 VIII 2013

192

Não saio ileso
de nenhum livro meu
de nenhum livro.
Perco a força original
me diminuo, calo a voz
proferida por cada um
própria para escrever e ler.

O que me tomou vaza
e não se repõe inteiro
mesmo se volto
e busco outra entrada
no jogo de perde e ganha

porque não se pode
nunca mais começar do zero
e sim da raspa do tacho de amnésia.

     22 VIII 2013

193

   para Antonio Cicero

Encontrar o que se perdeu
dentro da cabeça
antes de usar a mão
para pegá-lo fora dela
e encontrar-se no sentimento
longínquo quase esquecido
é encontrar os óculos para ver melhor
a hora certa do dia, reaprender
apreender, usufruir de novo
o gosto de saber, guardar
ainda que for para dar ou dividir
porque assim não estará
nem perdido, nem preso, nem à parte.

     6 IX 2013

194

Esta numeração crescente
é a de degraus de descida
de mão única e solitária:
quanto mais alto o número
menor é a escada que desce
rumo ao subtexto criptografado
não decifrado ainda
não chegando sequer ao fértil
estrume do rascunho, à terra
eterna do subterrâneo infindo
que continua obscuro latejando.

12 IX 2013

195

Ler
certos livros
provoca lesão
de esforço repetitivo.

Volta e meia
eles voltam e incidem
no mesmo lugar, ou perto
ou através de outro modo.

Depende
do tempo, da idade
do movimento e posição
aprumado ou curvo do leitor.

Da atenção
absorta, solitária
do silêncio ao sol ou sob
a luz da leitura que também queima.

                10 X 2013

196

O dia passa, a convalescença
não se completa: o outro dia
já chega na janela para curar
a flor da pele antes do tempo
e impede que o esquecimento
acabe com a sequela, apague
o risco da cicatriz acentuada
pela pressa e superposições.
Não há espera, nada é curado
no modo certo e o sabor azeda.

                12 X 2013

197

Nós não nos merecemos.
Não porque somos apertados
em duas laçadas, pessoas
das nossas vidas querendo
desatar um do outro
ou então ao contrário:
amarrados cegos, para o bem
para o mal, dependendo dos instantes
incertos sem pé nem cabeça.

10 XI 2013

198

10 XI 2013

199

penso de raspão
o calor aperta
o furúnculo
do sol espreme
o parafuso amarelo
o mar não quer
molhar a pedra
como ela espera

a deusa espuma
pela boca escura

    11 XI 2013

200

O cigarro pensativo
e único do dia
é aceso à noite.
Ninguém o vê
sendo tragado, sôfrego.
A fumaça não consegue
desenhar nenhuma imagem
e logo se desmancha:
nuvem inútil sem céu
que a justifique e a noite
se apaga se complica
queimada e amarga.

    12 XI 2013

201

Escrever mesmo.
Mesmo sendo o mesmo
desde a primeira linha
tentando melhorar a letra

nas pautas do caderno
de caligrafia para além
de aclarar e firmar o escrito com força
calcando mais do que na cópia
anterior para aprofundar o sentido
– ir durando contra o tempo —
e confirmar que há o que fazer
mesmo sendo quase o mesmo
da primeira linha do caderno.

                16 XI 2013

202

O melhor lugar para escrever
em princípio é dentro de quem
escreve: não se precisa
de nada, de nenhum apoio
e instrumento — só se sente
a sensação do pensamento
se movendo naquele instante
num cômodo vermelho-escuro.

                4 XII 2013

203

Quantas coisas a palavra nunca
engloba. Não vaza embora repleta.
Não deixa ver do que é feito
o seu tesouro escuro e o enterra
e só será
descoberto por quem se dispuser
a exumá-lo quebrando as unhas.

20 XII 2013

204

Na cara do níquel
rancor e amor, lado
a lado mudam a face
da efígie a seu bel-prazer
enquanto no verso
ciente do valor do empate
a indiferença coroa.

11 I 2014

205

Melhor ir, ou vice-versa, vir?
Um tem um fim, o outro, outro.

Ou os dois são ruins, zeros?
Porque desistem do rio
que finge ser o mesmo
(apesar do peso de Heráclito)
disfarçando assim a passagem
insuportável dos dias e da vida?

13 III 2014

206

Instável, parte do mar
o abarca, o beira
beija, lambe, o paralisa
no equilíbrio do fio
da calmaria, colidindo
com o horizonte, em lugar
à deriva, navega ao sabor
ou senão com direção
deliberada sujeito
ao porto ou à intempérie
que o porá seguro ou de borco.

20 III 2014

207

Trazer a voz para dentro
da palavra gera um vide-verso
complexo como o da Marianne?
Mas se for vice-versa?
A voz com sua fluência
ou não, com sua redundância
se infiltraria melhor no gráfico
da palavra escrita ramificando-a?
Ou um aplicativo da palavra à voz
corrente guiando-a para um significado
inesperado com a carga
de um subtexto possível
seria mais surpreendente?

      17 IV 2014

208

Impossível transferir-se de um dia
para o outro sem nenhum arranhão:
a grafia do verbo já acusa o agravo
que varia de alcance, profundidade
incidência, podendo acumular
os diversos campos tangíveis
ou não ou também misturando-os
num único diacidente de inopino.

      15 V 2014

209

Nada nunca é nada aqui.
Não é o néant sartriano
nem o lance mallarmaico
já que os dados não têm
marcas, estão em branco
e não há acaso ou jogo:
apenas possibilita o dia
sem legendas de Hopper
com o resto de sol parado.

19 VI 2014

210

Quando o dia para
no travesseiro claro
no escuro do quarto
o que de pior aconteceu
ou poderá acontecer
de mal aflora: impertinente
e começa a pensar por si
contra o meu sono e sonho
desde o trivial ao inusitado
sujando a fronha da manhã.

31 VIII 2014

211

Me salve de mim.
Não deixe nada
me assaltar durante
o dia dentro da noite
ao largo do amanhecer
esquálido, incauto
não me acue nessa
oração covarde, e não
me largue num canto.

           22 IX 2014

212

O corpo dubitativo, controverso
homemulher sim, não, talvez, trans
inscrito em cada linha do tempo
acelera e tenta frear repentino
contrariando a natureza inapelável
que o arrasta sobre o chão qualquer
das quatro estações até que uma
pare, final, não por pena, mas
por ter chegado ao seu destino.

           [s.d.]

213

No curto futuro cabe
(sem acabar nunca)
não foi escrito ainda
mesmo sendo repetido
com variações mínimas
que poderão ser melhores
cortando os punhos de renda
impostos pela velhice e se escrevendo
de próprio punho nu.

7 X 2014

214

Machuquei-me comigo
com o corpo impróprio
para reter o sentimento
torto, farpado, que não dá
trégua e espeta, arde
não acaricia, me queima.

10 XII 2014

215

Venci o dia que me queria
mas ao vencê-lo não o estava
perdendo e me aproximando
do corte veraz do outro dia?

                12 XII 2014

Do autor

POESIA

Palavra, edição particular, Rio de Janeiro, 1963.
Dual, poemas-práxis, edição particular, Rio de Janeiro, 1966.
Marca registrada, poemas-práxis, Editora Pongetti, Rio de Janeiro, 1970.
De corpo presente, quarta capa de Mário Chamie, edição particular, Rio de Janeiro, 1975.
Mademoiselle Furta-Cor, com litografias de Rubens Gerchman, edição composta e impressa manualmente por Cléber Teixeira, Editora Noa Noa, Florianópolis, 1977. O livro recebeu no mesmo ano uma edição xerocada, incluindo um poema inédito, com tiragem de mil exemplares, pelo impressor Daguiberto, sob a supervisão de Luiz Fernando Gerhardt.
À mão livre, prefácio de José Guilherme Merquior, Editora Nova Fronteira, Rio de Janeiro, 1979.
Longa vida, prefácio de Ana Cristina Cesar, orelha Sebastião Uchoa Leite, Editora Nova Fronteira, Rio de Janeiro, 1982.
A meia voz a meia luz, edição particular, Rio de Janeiro, 1982.
3X4, posfácio de Silviano Santiago, Editora Nova Fronteira, Rio de Janeiro, 1985.
Paissandu Hotel, projeto gráfico de Salvador Monteiro, edição particular, Rio de Janeiro, 1986.

De cor, prefácio de José Miguel Wisnik, Editora Nova Fronteira, Rio de Janeiro, 1988.

Cabeça de homem, prefácio de Luiz Costa Lima, orelha de João Gilberto Noll, Editora Nova Fronteira, Rio de Janeiro, 1991.

Números anônimos, orelha de Laymert Garcia dos Santos, Editora Nova Fronteira, Rio de Janeiro, 1994.

Dois dias de verão, com Carlito Azevedo e ilustrações de Artur Barrio, Sette Letras, Rio de Janeiro, 1995.

Cabeza de hombre, Prefácio e tradução de Adolfo Montejo Navas, Ediciones Hipérion, Madri, 1995.

Cadernos de Literatura 3, com Adolfo Montejo Navas, Impressões do Brasil, Rio de Janeiro, 1996.

Duplo cego, Editora Nova Fronteira, Rio de Janeiro, 1997.

Erótica, com gravuras de Marcelo Frazão, Editora Velocípede, Rio de Janeiro, 1999.

Fio terra, Editora Nova Fronteira, Rio de Janeiro, 2000.

3 tigres, com Vladimir Freire, edição particular, Rio de Janeiro, 2001.

Sol e carroceria, com serigrafias de Anna Letycia, Editora Lithos, Rio de Janeiro, 2001.

Doble cec, tradução de Josep Domènech Ponsatí, Llibres dês Segle, Barcelona, 2002.

Toma de tierra, prefácio e tradução de Adolfo Montejo Navas, DVD Ediciones, Barcelona, 2002.

Máquina de escrever — poesia reunida e revista, prefácio de Viviana Bosi, orelha de Sebastião Uchoa Leite, Editora Nova Fronteira, Rio de Janeiro, 2003.

Tríptico, com arte gráfica de André Luiz Pinto, .doc edições, Rio de Janeiro, 2004.

Trailer de Raro mar, plaquete composta por Ronald Polito, Espectro Editorial, Rio de Janeiro, 2004.

Numeral, nominal, Tradução de Josep Domènech Ponsatí, Ediciones de 1984, Barcelona, 2004.

Raro mar, prefácio de João Camillo Penna, Companhia das Letras, São Paulo, 2006.

Para este papel, realização de Sergio Liuzzi com acabamento de Paulo Esteves, Rio de Janeiro, 2007.

Tercetos na máquina, plaquete composta por Ronald Polito, Espectro Editorial, São Paulo, 2007.

Rara mar, Tradução de Josep Domènech Ponsatí, Café Central/Eumo Editorial, 2007.

Sol e carroceria, edição xerocada, a partir do álbum lançado em 2001 com serigrafias de Anna Letycia, realizada por Sergio Liuzzi, Rio de Janeiro, 2008.

Mr. Interlúdio, com ilustração do autor, realização de Sergio Liuzzi, Zen Serigrafia, Rio de Janeiro, 2008.

Lar, prefácio de Vagner Camilo, Companhia das Letras, São Paulo, 2009.

Pingue-pongue, com Alice Sant'Anna, realização de Sergio Liuzzi, Zen Serigrafia, Rio de Janeiro, 2012.

Dever, Companhia das Letras, São Paulo, 2013.

Profissão: poeta. Perfil, poemas, entrevistas, e-galáxia, São Paulo, 2016.

Rol, Companhia das Letras, São Paulo, 2016.

Dez, Megamíni, Rio de Janeiro, 2017.

Tremor, plaquete com Luis Matuto, Tipografia do Zé, Belo Horizonte, 2019.

Erótica, com Marcelo Frazão, 2ª edição, Villa Olivia, Rio de Janeiro, 2019.

Na rua, com André Luiz Pinto da Rocha, Galileu Edições, Rio de Janeiro, 2019.

Tranca, com Sergio Liuzzi, Rio de Janeiro, 2020.

ANTOLOGIAS

Uma antologia, Armando Freitas Filho, Quasi Edições, Vila Nova de Famalicão, Portugal, 2006.

Armando Freitas Filho, seleção e prefácio de Heloisa Buarque de Hollanda, Coleção Melhores Poemas, Global, São Paulo, 2010.

Entre cielo y suelo: una antología, tradução, seleção e prefácio de Teresa Arijón e Camila do Valle, Ediciones Corregidor, Buenos Aires, 2010.

Armando Freitas Filho, Editores: Sergio Cohn, Marcelo Reis Mello e Germano Weiss, Coleção Postal, 2018.

Armando Freitas Filho, Antología personal, tradução e prefácio de José Javier Villarreal, El Errante Editor, México, 2019.

PROSA

Trio, 7 Letras, Rio de Janeiro, 2018.

OBJETO

W — homenagem a Weissmann. Concepção e poema: Armando Freitas Filho. Realização e arte gráfica: Sérgio Liuzzi. Bula: Adolfo Montejo Navas. Pintura e acabamento: Paulo Esteves, edição particular, Rio de Janeiro, 2005.

ENSAIO

Anos 70 — Literatura, com Heloisa Buarque de Hollanda e Marcos Augusto Gonçalves, Editora Europa, Rio de Janeiro, 1979.

LITERATURA INFANTOJUVENIL

Apenas uma lata, Editora Antares, Rio de Janeiro, 1980.
Breve memória de um cabide contrariado, Editora Antares, Rio de Janeiro, 1985.

TABLOIDE

A flor da pele, com fotos de Roberto Maia, edição particular, Rio de Janeiro, 1978.
Loveless!, com gravura de Marcelo Frazão, Impressões do Brasil, Rio de Janeiro, 1995.

INSTALAÇÃO

Cartografia (a partir de *Números anônimos*) de Adolfo Montejo Navas, Belo Horizonte, 1998.

CD

O escritor por ele mesmo — *Armando Freitas Filho*, Instituto Moreira Salles, Rio de Janeiro, 2001.

DVD

Fio terra, de João Moreira Salles, Instituto Moreira Salles/ Vídeo Filmes, Rio de Janeiro, 2006.

FILME

Manter a linha da cordilheira sem o desmaio da planície, de Walter Carvalho, Rio de Janeiro, 2016.

COLABORAÇÃO

Poemas em *Doble identidad/Dupla identidade*, de Rubens Gerchman, Editora Arte dos Grafico, Bogotá, 1994. Os poemas foram traduzidos para o espanhol por Adolfo Montejo Navas e para o inglês por David Treece.

ORGANIZAÇÃO E INTRODUÇÃO

Inéditos e dispersos — poesia/prosa, Ana Cristina César, Editora Brasiliense, São Paulo, 1985.
Escritos da Inglaterra — tese e estudos sobre tradução de poesia e prosa modernas, Ana Cristina César, Editora Brasiliense, 1988.
Escritos no Rio — artigos/resenhas/depoimento, Ana Cristina César, Editora da UFRJ/Editora Brasiliense, Rio de Janeiro/São Paulo, 1993.
Correspondência incompleta, Ana Cristina César, com Heloísa Buarque de Hollanda, Editora Aeroplano, Rio de Janeiro, 1999.

Ana Cristina César — novas seletas, Editora Nova Fronteira, Rio de Janeiro, 2004.
Poética, Companhia das Letras, São Paulo, 2013.

Sumário

Prefácio — Ponto final fictício,
Mariana Quadros 9

PINCEL LÁPIS TESOURA GOIVA LENTE MARTELO
TELA 23
Bastidor de 1 poema e 6 em andamento 25
Pai presente 31
Craquelure 32
Dois flagrantes 33
Eterno 34
Versus 35
Elena por Petra 36
Duelo 37
Fauve 38
Vida, privada 39
Exposição 40
Tarde 41
Autorretratos de autorretratos 42
Vincent 43
Três quartos 44
Dois pares de botas 45
Do filho para o pai 46
Biografia da estátua 47
Edward Hopper 48
Piquenique 49

Escritura	50
Dois cigarros	51
Andy and	53
Error!	54
CANETAS MÚLTIPLAS	55
Rebuscado	57
A partir de Kafka	58
Conexão K/CDA	59
Um inseto e duas baratas	60
Quarto de Gregor Samsa	61
Arthur	64
Para Cristina, leitora de Proust	65
Mario e Oswald	66
Verbete de Clarice	67
Rosa e Lispector	68
Marcel e Clarice	69
Lendo amor e sentindo Clarice	70
Na pedra repetente da poesia	71
Entreato	72
Poeta maior	73
Identidade CDA	74
João Cabral quatro por quatro	75
Três mosqueteiros	77
Dupla	78
A vida de Gullar em relance	79
DNA CDA	80
DUO/ Carlos Drummond de Andrade e Antonio Candido	81
CDA = Wisnik	82

Trio	83
Leitura	84
A terceira perna	85
Viagem de Graciliano Ramos	86
Pensando triste em Tite de Lemos	87
Pensando intenso em João Gilberto Noll	88
Baudelaire	89
E.H.	90
A arte da escrita	91
Ardor	92
Jogos	93
Dueto	95
De noite	96
Ensaio	97
Palpito	98
Morte-cor	99
Esperança	100
Renascimento	101
Rompante	102
Anna Letycia	104
Virginia	105
Contra Bishop	106
Caçando Marianne Moore	107
Emily Dickinson em ação em dois momentos	108
Foto eterna de Godard	109
Cinepoeta	110
Um leque	111
Papiro/Papel	112
Trifásico	113

Vida de papel 114
Palavra 115
Caderno.. 116
No leito da leitura 117
A carta guardada... 118
Fábula 119
Entre três... 120
Peso-pesado.. 121
Devoro livros 122
Perfil... 123
Nãxox!.. 124
Tremor.. 125
Modos de escrever 126
Agonia.. 127
Prova 128
Modos de ler.. 130
Bolo, 2017 131
Matar 132
Lição... 133

CASA CORPO ADENTRO 135
De mau humor, com ressalvas.......................... 137
Queda... 138
Ampulheta 139
Recorte 140
Para meu filho 141
Insono 142
Alianças... 143
No silêncio.. 144
Vida e morte 145

Durante amor	146
Marfim e aço	147
Utensílio	148
Cego amor	149
União	150
Em duas quadras	151
Tipos de dor	152
Assassinatos	153
Tempo ao tempo	154
Códigos	155
75 anos	156
Disfunção	157
Triplos	158
Eterna	161
Mal-estar	162
Despedida	163
Sumário	164
Convencimento	165
Ida ou volta	166
Amor	167
Portal	168
Dois homens	170
Aguardo	171
Sentido	173
Escalada	175
Descaso	177
Os mortos-vivos	178
Em casa	179
O dia do cão feroz	182
Desvão	183

Escrever e escalar	184
Andar	185
Atrás da mãe	186
A olho nu	187
Mãos	188
Um em dois	189
Morar	190
Em claro	191
Um dia atrás do outro	192
Vida	193
Perna em andamento	194
Pleno verão	195
Desordem	196
Suicidada	197
Dados da casa velha	198
Vida e morte literária	199
À noite	200
Acordar	201
Virgindade	203
O amor começa	204
Cristina	205
Até o fim de um	206
Desânimo	207
Cri ar	208
Mudança do quarto	209
Casa descasa	210
Em busca da memória perdida	212
Perdição	213
Distantes	214
Passagem	215

Longa morte 216
Voragem 217
Não sei 218
De joelhos 220
Espero deitado 221
Começo de adeus 222
Sentimentos 223
Escuridão 224
Em dúvida 225
Sem dúvida 226
Condenado 227
Na velhice 228
Questão de tempo 229
Fim 230
Viagem e testamento 231
Sucata 232
Anagrama oculto 233
Ponto parágrafo 234
Curso 235
Fim do fim 236
Relatório 238
Operação 77 239
2020 240

EM PAPEL JORNAL 241
Dias dolorosos 243
Luiz Inácio Lula da Silva 245
Para Marielle presente 246
28 de outubro de 2018 247
1, 2, 3 248

Rio, 30 de junho de 2017 249
Em 7 de abril de 2019 250
Rio 251
Diário 252
Ao Deus dará 253
Nos dias de hoje 256
Valongo 257
No ex-Museu Nacional 258
Muzema 259
Finalidade 260
Anticristos 261
Meu Brasil brasileiro 262
Jogo de azar 263
Reza/azar 264

ROSA ROSA ROSAM ROSÆ ROSÆ ROSA 265
O perfume final da rosa 270

NUMERAL 271

Do autor 295

ESTA OBRA FOI COMPOSTA POR ACOMTE EM MERIDIEN
E IMPRESSA PELA GRÁFICA BARTIRA EM OFSETE
SOBRE PAPEL PÓLEN SOFT DA SUZANO S.A. PARA
A EDITORA SCHWARCZ EM OUTUBRO DE 2020

A marca FSC® é a garantia de que a madeira utilizada na fabricação do papel deste livro provém de florestas que foram gerenciadas de maneira ambientalmente correta, socialmente justa e economicamente viável, além de outras fontes de origem controlada.